大/家/译/丛
TRANSLATIONS

全球文化大变局

Bienvenue dans
le siècle de la diversité

La nouvelle carte culturelle du monde

［加］让-路易·鲁瓦 著 / 袁粮钢 译

海天出版社（中国·深圳）

图书在版编目(CIP)数据

全球文化大变局 / (加) 让-路易·鲁瓦
(Jean-Louis Roy) 著; 袁粮钢译. — 深圳: 海天出版
社, 2016.10 (2017.4重印)
(大家译丛)
ISBN 978-7-5507-1680-3

Ⅰ.①全… Ⅱ.①让… ②袁… Ⅲ.①文化研究—世
界 Ⅳ.①G112

中国版本图书馆CIP数据核字(2016)第151800号

版权登记号　图字19-2016-018
BIENVENUE DANS LE SIÈCLE DE LA DIVERSITÉ
Copyright
©2014, Éditions Stanké, Montréal, Canada
All rights reserved
Current Chinese translation rights arranged through Divas International, Paris
巴黎迪法　国际版权代理
(www.divas-books.com)
Nous remercions la Société de développement des entreprises culturelles du Québec
(SODEC) du soutien accordé à notre programme de publication.

全球文化大变局
QUANQIU WENHUA DA BIANJU

出 品 人	聂雄前
责 任 编 辑	林凌珠　岑诗楠
责 任 校 对	万妮霞
责 任 技 编	蔡梅琴
封 面 设 计	知行格致

出版发行	海天出版社
地　　址	深圳市彩田南路海天综合大厦 (518033)
网　　址	www.htph.com.cn
订购电话	0755-83460202(批发)　83460293(邮购)
设计制作	深圳市龙墨文化传播有限公司 (电话: 0755-83461000)
印　　刷	深圳市华信图文印刷有限公司
开　　本	787mm×1092mm　1/16
印　　张	18
字　　数	185千
版　　次	2016年10月第1版
印　　次	2017年4月第2次
定　　价	45.00元

整个世界都处在分娩中。

——弗吉尼亚·伍尔夫[1]

---

[1] 弗吉尼亚·伍尔夫（Virginia Woolf，1882 ~ 1941），英国女作家、文学批评家和文学理论家，意识流文学代表人物，被誉为 20 世纪现代主义与女性主义的先锋，代表作有《达洛威夫人》《到灯塔去》等。

致中国读者

当今世界的变化越来越大，这就是本书的主题。在此，向中国读者致意，对你们能用本国语言阅读此书深感欣慰。

世界变化源于财富从世界西方向东方、从北半球向南半球的转移，当然也源于数字时代的全面到来，人类进入了一种新的、普遍的和不可逆转的文明。

这些变化属于经济、金融、科技的范畴，它们催生了一张新的世界经济版图。在这张版图上，中国乃至整个大亚洲地区占据着中心位置，未来很可能占据举足轻重的位置。

过去 25 年，西方虽然保持着自己的能力，却逐渐失去了对经济增长和发展动力的垄断，这种垄断曾让西方自文艺复兴起，在世界事务中占尽优势。今天，制造财富的能力逐渐从西方转移到世界其他地方，被许多国家分享。

在世界的这种历史变革中，中国的企业、机构、实验室、科研中心、公共行政机构及其负责人，中国的工人、技术人员、作家、研究人员、金融家和开发人员发挥了决定性的作用。苏联在 20 世纪末解体，中国迅速并成功实施了邓小平提出的改革开放政策，成为当今世界变化的关键动力。你们已改变了自己的社会以及与世界的关系。今天，在国际重大事务中都能看见中国的身影，它还创建了一大批新的机构，尤其是至关重要的金融机构。如果没有这种前瞻性，21 世纪初的有利格局很可能会裂变为接连不断、没有结果的危机。

正在发生的变化还涉及文化。当然，本书也是围绕以下问题展开的：世界经济新版图是否会延伸到广阔的文化领域？说得明白点，一张新的世界文化版图是否在酝酿中？如果答案是肯定的，它会给人类文明带来何种新的内涵？

为了回答以上问题，我们已拟出一份文化领域 25 年来公共和私人创举的详尽清单，它几乎涉及世界所有地区：欧洲、北美、亚洲、非洲、拉丁美洲。我们从中挑选了一些领袖国家，居于前列的是中国，还有美国、巴西、哥伦比亚、墨西哥、突尼斯、摩洛哥、尼日利亚、南非、印度、韩国、俄罗斯等。我们考虑了上述每个国家的侨民群体，也考虑了与语言和某些情况下与文化相关的国际共同体，例如阿拉伯语共同体、法语共同体、西班牙语共同体和葡萄牙语共同体。

这些工作使我们能够肯定地回答人们提出的问题。本书的副标题"世界文化新版图"[1]由此产生。

正在发生的变化以前所未有的力量和坚韧，释放出人类家庭结构的多元性，物质和非物质文化遗产的多元性，现实和虚拟创作的多元性，对全球美好憧憬的多元性。毫无疑问，这种多元性并非新生事物，它早已存在于人类的 DNA 中。让人耳目一新的是，对资源的共享已达到前所未有的程度，无论是人力资源，还是金融、技术，以及其他一切让多元性闪光，让人们能够看见它，让它能够在任何环境中存在的资源。尽管曾遭到扼杀和摒弃，文化的多元性仍顽强地生存下来，并在 21 世纪之初强劲地展示出来。

曾几何时，人们听到的只有美国有线电视新闻网和英国广播公司的声音。今天，各种语言在天空回荡，伴

---

① 本书原副标题为"世界文化新版图"。

随这些语言出现的，是世界的精神和物质景观，是对昨天、今天和明天世界的多重理解，旧时代的垄断已成为一种模糊的记忆。你们的中央电视台已用世上的主要语言传播资讯。

就在不久前，文化服务和产品领域的投资还只是几个所谓发达国家的事情，因为它们拥有所需的资源。今天，这种能力已延伸到许多国家，包括你们的国家，从此，这些国家拥有世界上最丰盛、最富饶的文化设施。中国、海湾国家、俄罗斯、土耳其、墨西哥、印度以及其他许多国家共同分享着这一盛宴。

就在不久前，文艺工作者和专业人士的盛会（如艺术双年展、图书沙龙、音乐节或电影节）仅限于西方几座著名城市举办。今天，此类盛会已走向全世界，其中许多是在亚洲，尤其是你们国家举行的，包括上海大型双年展。

该如何形容互联网及其超30亿分布在世界各国的网民呢？他们使用各种语言，尤其是利用自动翻译软件，与地球上的不同地区进行交流。又该如何形容点击鼠标就能尽情享受来自世界各地创作者（无论是否在世）的音乐、文学、建筑艺术、绘画、雕塑、设计、舞蹈、哲学作品呢？你们知道，中国是数字空间领域的两大强国之一，正如我们在本书中所述，它期望立足于交流技术的世界巅峰。

这就是我们为什么要以《欢迎进入多元世纪》作为本书的书名①，因为人类的生产空间从此成了一个对所有人敞开的大广场。

如何面对这种多元性？一些人因为不能从中找到自己的位置和安逸而要扼杀它；另一些人则赞美它是一个妙不可言的生态体系，有了它，人类的生活才能继续存在和延续。在这方面，中国和中国人民的选择对整个人类具有重要意义。

本书揭示和赞美了多元性，将它视为对付冲突、种族主义和否认人类基本权利的妙药，视为一种普遍需求和一种取之不尽的财富。

祝你们阅读愉快。

近 25 年来，我经常接触贵国。我曾作为你们的生活方式、风土人情和习俗的好奇者，作为你们的文学和古今绘画的爱好者到贵国旅游。我还曾作为一名历史学

---

① 本书原书名为《欢迎进入多元世纪》。

家到你们的国家考察，希望能更好地了解你们几千年的历史，认识你们丰富的文化遗产。最后，我还曾作为加拿大民主与权利机构的负责人访问中国，与中共中央党校的交流硕果累累，无论是对中方还是对加方来说都是如此。

无论是在中国还是在世界上的其他地方，我都与你们的同胞进行过无数次的交流，他们中有驻欧美外交官，有秦始皇陵或上海的导游，还有企业家或中国驻非洲的非政府组织负责人，以及官员、史学家和艺术家。通过交流，我认识到你们文化的伟大以及它对世界的贡献。那么，请将本书看作是对你们在中国大家庭对我热烈欢迎的一种感激方式吧！看作是一种或许有助于对21世纪精神进行思考的资料。21世纪将成为人类大家庭多元性和单一性成功共处的世纪。

让-路易·鲁瓦

2016年8月26日于蒙特利尔

目 录

导　言

　　本书讲述的是一个新世界的诞生，即我们所在的这个世界，它与我们前辈认识的世界没有任何相似之处。一个重要现实解释了这一主导当今历史并构筑未来历史的变化。西方在过去五个世纪用以控制全球的能力不再是其专利，它已逐渐被从中国到巴西，从土耳其到印度，从墨西哥到印尼，从南非到越南的整个人类所掌握。

　　国际经济关系深刻变化和数字时代全面到来引起的这种过渡，正在改写世界各地区和各国之间的关系。它使南北部和东西部的传统划分发生裂变。一种巨大的能量以史无前例的规模，将人类创造财富和推动发展的能力从西方转向亚洲，从亚洲转向拉美和非洲。这一全球性的链条改变了世界地区间和国家间的关系以及数十亿人的生活，影响着整个人类，并创建了一个浩瀚的全球空间。

　　这个空间是以一种惊人的、人们渴望已久的、21世纪之前从未有过的突破出现的：它涵盖了增长和发展中的一切要素，它既是循序渐进的，又是看得见的。人类如此企盼的、带有普遍性的古老理想，这一次或许能梦想成真。这一空间亦归功于虚拟世界的神奇诞生，短短几十年，它丰富的内容吸引了数十亿人。从此，数字人类与全球性融为一体，彼此不可分离。

人类已跨入一个新的纪元，这种跨入被喻为"令人目眩的加速融合"①，它对彻底改变全球经济、金融和贸易版图发挥了重要作用。那么，对世界文化版图是否具有同样的冲击力呢？如果回答是肯定的，我们对即将在全球文化空间重组中出现的变化又能说什么？

西方文化在世界上已被普遍接受。"西方无处不在，"阿明·马卢夫指出，"因为，它们具有全球统治的技术手段。"当这个技术手段正变为"世界上最能被分享的东西"时，世界到底会发生什么变化？毫无疑问，正在兴起的文明世界将包括西方载入史册的某些成果和标准。但是，其他文化（即被认为"受伤"的文化）从此也将拥有必要的力量，让它们的遗产、愿景和希望得到传承。它们衷心希望在西方文化一统天下的漫长岁月里，不得不放弃的东西。能全部或部分地重新载入史册。

这一过渡将如何表现并实现？已经能辨别出它的什么的内容？不远的将来，现代化和西方化是否不会再成为同义词，并逐步被"现代化、多重身份和人类共属"三部曲所替代②？简而言之，如果说现代和当代人类文化的多元性曾处于休眠状态，现在它似乎已经觉醒，并出现在一张新的世界文化版图上，这一版图是共同的、多元的，也是全球的。这种假设和这些问题成了撰写

---

① 阿明·马卢夫：《致命身份》，巴黎，巴黎格拉塞出版社，1998 年。
② 这些说法借鉴了阿明·马卢夫的前瞻性分析。

本书的初衷，也是本书的主线^①。

全球盛会

就在不久前，国际体育和文化盛会仍在被称为"发达"的世界区域举行，再从这一地区传播出去，包括此类大型盛会中展示古今文化遗产的大型表演。此类盛会很少向所谓的"发展中"国家转移，并很快回归其"自然"空间。近年来，由于资金、组织和技术能力的全面普及（它们不再是西方的专利）以及越来越强烈的愿望（不再局限于体育赛事），这种形势已完全改变。

2008年，全球有47亿电视观众观看了北京奥运会的直播或录播，这一数字还不包括数千万网民，他们有史以来首次在移动屏幕上直接观看运动员比赛。2010年，在约翰内斯堡举办的世界杯足球赛期间，有2.5亿网民浏览国际足联网站。同年，上海世博会接待了7000万游客，其网站记录了7亿次点击量。2011年，

---

① 在本书的整个准备阶段，我们观察到涉及世界南部和东部的统计数据相当薄弱。这种情况归因于世界某些地区收集数据的客观困难，对此，联合国也承认，但也因国际统计机构一直由西方主导。他们现在力求将世界其他地区的相关数据纳入，正如世界银行研究小组主任布兰科·米拉诺维奇在以下论述中承认的那样："在全球经济统计数据中，富裕世界的偏见正在结束。"（《全球论者》2012年3月21日）联合国教科文组织的年度报告也做出了类似证明，见《倾注于文化的多样性和文化间的对话》（联合国教科文组织，2010年）。

涉及文化时，由艺术理事会和文化机构国际联合会创立的国际文化政策数据库建成后，将成为一个不可或缺的工具。

在南亚三国（印度、斯里兰卡和孟加拉国）举办的世界杯板球赛期间，有10亿电视观众观赏了印巴大战，这场比赛同时用15种语言向200个国家和地区转播。2014年，冬奥会在普京执政的俄罗斯南部城市索契举行。同年，迪尔玛·罗塞夫执政的巴西在继2009年申奥成功后，又迎来世界杯足球赛。

未来数年，许多大型盛会将在这些地区举行：2017年，世博会将在哈萨克斯坦首都阿斯塔纳举行；2020年，世博会将在阿联酋举行；2022年，世界杯足球赛将在卡塔尔举行，届时该国将成为全世界球迷的中心。

中国、南非、印度、俄罗斯、巴西、阿联酋和卡塔尔陆续成为人类大家庭各种盛会的东道主。它们将负责把此类活动转播到世界的每一个角落，以展示其古今文化遗产，而仅仅几年前，这在实践上仍不可能。在"人类行走月球"与"世界杯在约翰内斯堡举行"这些表述之间有一种象征性的关联。

欢迎来到21世纪。

这个世纪与以往任何世纪都不同。增长，即财富的创造正从地球西部向东部转移，而陷入结构调整痛苦中的大西洋区域正竭力摆脱经济和社会危机。这种痛苦一度是世界上最贫困国家的特权。创造增长的能力已扩展到全球所有地区，财富的重新分配改变了数十亿人的生活，让他们融入经济生活中，或者摆脱贫困。

我们再也无法设想远离这种剧变的世界。八国集团已让位于二十国集团；中国成为世界第二大经济体，年贸易量超过4万亿美元，和波斯湾的酋长们拥有地球上最重要的财政储备。

这一突变正好赶上了数字时代的诞生及其全面到来。近25年来，有34亿人成为网民，而这一数字每月都以超过2000万人的速度增长，约为比利时人口的2倍！2020年，将有50亿人进入数字生活，无论是亚洲人口最多的城市，还是南美洲最偏远的村庄[1]。教皇、嘎嘎小姐、奥巴马、普京等都在玩"Twitter"，而他们并非唯一掌握新型交流工具的人。马里的棉农、阿根廷的养牛户、越南的渔民，以及马达加斯加的菜农，每天都在笔记本电脑上查询国内和国际市场的价格波动。无论是在德黑兰、突尼斯、纽约、开罗，还是在雅典、圣保罗、伊斯坦布尔、圣地亚哥、莫斯科、瓦加杜古，只须点几下鼠标，就足以填满公共场所的空位，对国家拥有的各种控制工具造成重创。敲一下或多敲两下，当地的这些公共空位即刻变成了全球性的空位，在这里，我们可以同时看到最美好的希望和最陈旧的粗暴。

我们再也无法设想远离这种技术神经系统的世界。如同所有的历史性科学突破，数字革命给人类活动注入了前所未闻的新能量。这场革命的特点是，这种能量将同时传递到世界所有地区。任何一个大国都无法将其作为私有财产，例如，19世纪工业革命的重要构件就是这种情况。数字革命的全球性是无法逆转的，它发生在国与国之间，也发生在每个国家的内部，发生在国家社会经济的每一个类别中，只有一些仍处在赤贫中的国家除外。

当信息和通信普及时，数字革命淡化了边界，迫使经济体、

---

[1] 《电脑与互联网》，网址：www.futuretimeline.net/subject/computers-internet.htm。

国家关系和国际关系进行调整，冲击了社会和世界的政治统治。它表明了一种强烈而神秘的交流愿望，这种交流不同于已知的任何交流方式。否则，如何解释产生于 20 世纪末，短时间传遍全世界，传递到所有社会阶层并进入全球一半人口生活当中的这种数码文明？

增长能力的重新平衡和数字时代的全面到来，两者不可分离，它们标志着人类大家庭已进入第三个千年。

新的文化追求

本书内容围绕着一个问题展开。由于新的经济、技术和贸易版图（今天，它的存在已得到公认且不容置疑）发生变化，是否会出现新的世界文化版图？[①]

我们已审视了新的大国（中国、印度、俄罗斯、巴西、南非）和新兴国家（土耳其、印尼、尼日利亚、墨西哥以及海湾国家等）的文化追求和政策，也考虑了这些追求和政策在现实世界全面展开的现实，当然也包括虚拟世界。这一空间正在吸引、改变并提升整个人类的活动。

这种探究证实了我们起初的假设。文化并非一个面对世界突

---

① 在本书中，文化被定性为产品和服务的生产，在一个已知社会中，它代表物质遗产和非物质遗产，对物质遗产是保护，对非物质遗产是弘扬，主要涉及象征、生活方式、个人理念、与邻近群体的关系和对外部群体的认识。

变却独善其身的实体；它是变化的参与者，这些变化使世界文化全球化，将全球各类公众联合起来并加以丰富，无论是老的还是新的，也无论是当地的还是国际的。文化造就并提供今天在110亿个技术平台上传递的海量信息，为网络注入了生命，让世界与人类相连，也让人类与世界牵手。由于文化对经济的贡献，与技术的关联，对就业市场的贡献，尤其是提升文化大国的全球声誉和影响的能力，如今它已处于中心位置。[①]

前瞻性的术语本身就借助于这些新的版图，同时也丰富了自己。今后，"美国梦"将与"中国梦"同生共处。在西方，"中国梦"似乎有点陌生，但在非洲、南亚和东南亚以及拉美却并非如此。除了西方模式，还可能有一种亚洲模式。中国是否会像美国那样滥用最高级？难道中国国家美术馆不是以"世界最大"自居吗？难道印度发明的政教分离模式不是自诩为治疗时代弊病的灵丹妙药吗？它与大西洋两岸国家政府不断贬低的法式政教分离方式几乎没什么关系。我也会提到韩国、巴西和尼日利亚的文化奇迹，伊斯兰世界的土耳其模式和卢拉总统主政下的社会多元性。

一场历史性的马拉松已经开始，不计其数的参赛者已经报名：它们将在终点线赢得名声，产生影响，而且还可以进入国际文化产品和服务市场，该市场估值达21200亿美元，据联合国透露，其中超过四分之一来自创意产业。[②]人们对创意产业寄予了厚望：

---

① J. P. 辛格：《国际文化政策与实力》，纽约，麦克米伦出版公司，2001年。
② 联合国贸易和发展会议文件：《创意经济：一个可行的发展选择》，日内瓦，2010年。

个人创造力的提升，创造财富和提供就业的潜力，源于知识产权的成果。这一概念已成为众多分析的对象，将其付诸实施成为许多国家的首要国策。①

创造增长的能力在全球新的分布和数字时代的全面到来，标志着人类进入 21 世纪。毫无疑问，我们的研究建立在此类变化的基础上，它同样涉及文化。接下来是评估其效果，现行体制看似坚固，无法轻易动摇大西洋区域占据的文化主导地位。但是，当我们重新将它放到未来的世界时，这种地位似乎不那么靠谱。

本书共分四章：第一章讲述由于财富从地球西部向东部和南部转移，世界格局正在发生变化；第二章涉及这种变化对文化空间产生的影响，尤其是文化领域重大活动的国际化；第三章是对新兴大国（中国、巴西、墨西哥、俄罗斯、土耳其和阿联酋等）进行国家和私人投资的详细研究，此类投资改变了世界文化版图；第四章将探讨未来文化的可能性。

变化是人类的 DNA(脱氧核糖核酸，是主要的遗传物质)，古今无不如此。然而，我们这个时代发生的情况不属于变化范畴，而是一种决裂。因财富重新分配与数字时代到来而产生的这个世界是史无前例的，它涵盖了全球的现实空间，这个空间因生产财富和推动发展的能力发生转移而脱胎换骨；它也涵盖了整个虚拟空间，而不仅仅是全面分享这个空间的潜力。

全球整个现实空间越来越体现出现存世界的扩展。它将各种

---

① 厉无畏：《创意改变中国》，伦敦，布卢姆斯伯里学术出版社，2011 年。

文化汇聚在一起，包括那些影响力微弱的文化。至于整个虚拟空间，它一直不为我们所了解，然而，我们的所知让我们想起《创世记》最前面的一句话："上帝说：'要有光。'光就出现。"一个新的世界出现了，它的崛起更多地解释了全球文化格局的改变，而非文化领域本身的变化。实际上，席卷全球的经济和科技海啸正在颠覆它波及的一切，且无所不及。

分享经济原动力

经济合作与发展组织简明扼要地概括了正在发生的经济动荡特征："财富正在从世界的西方向东方转移"。这种转移在世界范围内产生了一种新的能力共享。主要经济原动力为彼此共有，这在历史上尚属首次。

2020 年前，7 个主要新兴国家[①]的经济总量将超越七国集团[②]的总量。到 2050 年，它们将占全球经济总量的四分之一以上。[③]然而，目前发生的一切并非仅仅涉及以上两个高级俱乐部的成员国。1990 年至 2010 年，发展中国家实现的增长率相当于一般富裕国家平均增长率的 2 倍，其数量也从 12 个增加到 65 个，

---

① 这里指中国、印度、俄罗斯、墨西哥、印尼、南非和土耳其。
② 七国集团成员国为美国、日本、德国、英国、法国、意大利和加拿大。
③ 约翰·霍克斯沃思：《2050 年的世界：主要新兴市场经济体将有多大以及经合组织如何竞争？》，普华永道，2006 年。

它们之间的关系得到长足发展。人们今天预计，从现在到 2020 年，南南投资和贸易潮将迎来增长，而北北贸易将下降。1990 年，老的南半球国家在世界经济中所占比重为 38%，2030 年这一份额将上升到 57%；西方的份额走向则相反，预计从 1990 年的 63% 下降到 2030 年的 43%。[①]在此期间，金融储备、股市交易、科学生产、先进技术产品的设计和生产以及最专业服务的掌握已从世界的西部向东部和南部转移（并且一直在转移）。

　　不远的将来，中国将位居世界经济的前列，印度紧随其后，这一局面将彻底并且永久地改变世界的经济版图。根据世界银行提供的数据，全球中产阶级的人数将达到 50 亿，其中 34 亿将是亚洲人。亚洲还将在全球虚拟空间占据举足轻重的份额。可以预计，到 21 世纪中期，亚洲的互联网用户将超过 40 亿。美国哈佛大学经济学家霍米·卡拉斯断言，亚洲中产阶级的"民主和消费欲将强有力地打乱世界秩序"。当大西洋区域市场因人口减少或老化而缩小时，亚洲中产阶级将成为全球最重要的市场。

　　我们对新世界的研究表明，未来几十年将影响国际社会的其他重要变化：亚洲和非洲的人口优势逐渐增长，到 2050 年，全球 80% 的人口将生活在这两个大洲，世界四分之一的人口将是非洲人；世界城市空间的扩大，到 21 世纪中期，由于亚洲和非洲 20 亿农村人口将移居城市，这两大洲将有 66% 的人口生活在城市；全球流动人口指数增长，旅行人次每年将达到 50 亿。这些变化将

---

① 经济合作发展组织：《2010 年全球发展前景：财富转移》，巴黎，经合组织，2010 年。

对经济产生深远影响，包括与文化有关的经济。

财富转移不仅仅是物质的，非物质财富甚至可能更彻底，因为它改变或将改变全世界所有传承、遗产和价值体系间的关系。安德烈·马尔罗断言，对于中国，欧洲人只了解与他们类似的东西。我们已进入到一个新的时代，在这个时代，无论生活在哪里，都必须了解与自己不同的人。

这些重大变化既发生在我们了如指掌的现实空间，也发生在一个不为我们前辈所认识的空间：虚拟空间。

分享技术原动力

数字时代的全面到来本身就是一种重大的文化变化。因此，它在本书占有重要位置。它使之前涉及文化产品的成功案例不堪一击，也打破了一些人在西方或通过西方将文化生意做得红红火火的神话。数字时代缩小了人与人之间的距离，网络打破了地理或社会的界限，使在这之前阻碍人类社会和社区融合的各种障碍彻底瓦解。数字时代终于将文化置于海关监控之外，它对边界不屑一顾并让其名存实亡。它对整个人类的文化遗产、记忆、古今知识大开方便之门，把来自不同国家，具有共同兴趣、共同目标和共同意愿的人们聚集在一起，最后生成数以十亿计的无限通信流量。在这些新的案例中，有人发现了其中的一些偏差：侵权，经济诈骗，将个人数据用于商业目的。①尽管如此，此类批评对数字时代的优越性没有任何损害。

虚拟空间是一个新的空间，它在不断完善，并出现取代现实空间的趋势。政界和媒体最先受到这种趋势的冲击。在政治领域，顽固的等级制常常成为一种要么鼓吹现状，要么宣扬"封闭状态"的官僚独白，虚拟空间则让人能够互动，自由获取其偏爱的东西，分享信息，公开交流以及几乎是即时的动员；在媒体领域，编辑部的大部分时间都在对新型全媒体记者发布的大小事件发表即时评论，虚拟空间则让人们能够接触实时新闻，聆听当事人和目击者的意见以及关注事件发展的人们之间的对话。无疑，数字时代颠覆了长期以来根深蒂固的社会经济逻辑，它们也是文化逻辑。

如果说文化作品和产品一直是现实世界的传统领域的专利，今天它们同样也进入了虚拟空间。出版业已经有了数字版，电影可以点播，音乐可在网上聆听、下载和购买，YouTube②每天有350亿个视频被点击观看。博物馆在门户网站上惹人注目并可在线参观，保存数字艺术作品的免税港已经创建③，艺术品拍卖在网上进行，数字图书馆与日俱增，而创作者则可在自己的网站上展示作品，以满足全球34亿网民中尽可能多的人。人们越来越多地借助移动设备上网，成了"移动网民"。仅在中国，移动网民就超过

---

① 耶夫根尼·莫洛佐夫：《网络错觉：互联网自由的黑暗面》，纽约，公务出版社，2011年。
② 世界上最大的视频网站。
③ 马丁·罗伯特：《卢森堡创建了一个艺术品自由港》，《回声报》2014年2月28日。

8亿。

每天，数亿人通过电视、电脑、平板电脑和手机接触这种数字文化，今天全球有75亿用户。所以，距离限制和边界束缚顿时烟消云散，文化已无处不在。此外，在虚拟空间，文化有了前所未闻的生产、流通和进入市场的平台以及新的合作伙伴，而且，文化在变为任何人都看得见、接触得到的东西时，也展示并证明了它的多元性。有关促进及保护文化多元性的问题不再处在原则的高处，而是进入更乏味的经济竞争层面。经济竞争不能保证任何东西，只保护受到强大公共意志支持的东西，这种公共意志与个人的重大利益密切相关。

在向私人领域部分开放庞大的文化和娱乐领域，对外国文化产品关闭国内市场时，中国政府显然顺应了潮流。印度政府也采取了相同态度，停止在国土上进口数字时代的技术产品，这一做法顺应了民意，也符合促进该领域民族企业发展的坚定决心。

数字时代的全面到来需要强有力的技术、资金和政策支撑，以及符合人们期望的巨额投资，也会引起激烈竞争。我们尤其在内容生产方面观察到这一点，按照弗雷德里克·马特尔①的说法，它是21世纪的文化大战。②我们还在物质终端产品生产中看到了这种竞争，它们在维护全球网络运行并确保数十亿用户上网方面是必不可少的。另外，国内市场更容易进入，某些情况下它也是

---

① 法国人，全球文化战争的战地记者，国际流行文化首席评论家。
② 弗雷德里克·马特尔：《主流文化：对这种令人类心悦文化的调查》，巴黎，弗拉马里翁出版社，2010年。

数亿消费者的市场。最后，数字时代引起一些国家，尤其是某些势力强大的国家控制网络应用（搜索引擎、电子商务、在线游戏等）的欲望，并从中获得巨大的资源。

成为政府与该领域私人企业间激烈争夺这种控制权：印度与美国支持的国际移动设备供应商进行竞争；俄罗斯与美国是涉及搜索引擎问题；法国与某些欧洲国家是涉及该国的跨国公司在对方领土上运营的税务问题；中国与美国是有关整个网络应用、文化和娱乐产品进入各自市场及本国企业在对方运营可能性的问题；巴西和美国则是涉及巴西在音像领域实行的配额政策问题。此外，每个国家都力图保住尽可能大的国内市场份额并在国际市场获取部分份额，其途径要么通过国内企业投资，要么通过本国现有网络的扩展。例如，俄罗斯让在它的地区势力范围内的国家可以使用其搜索引擎，当然还扩展到其势力范围外的国家，尤其是土耳其。未来的大战将使中国与美国处于对抗状态。中美两个大国均具备了网络的所有应用功能（包括翻译平台）并渴望向全球拓展。面对谷歌、苹果、Facebook 和亚马逊等强手，中国大型集团奋起直追：搜索引擎百度，新浪微博、优酷、土豆和爱奇艺平台，以及在线商务京东商城。

这场竞争既是政治竞争，也是技术和经济竞争。2015 年，数字市场总额已达到 1.3 万亿美元，包括物理基础设施建设、通信系统、数据存储和处理场所、网络服务，如信息云、移动支付、电子商务及在线服务。

设计、应用并管理这个庞大的全球神经系统成为推动经济增长和发展的一股普遍而强劲的动力。因渴望创新及成为激烈争夺的对象，这部技术－金融机器翻新了整个人类的交易，改变了生产和消费方式，它服务的市场如此巨大，使国际贸易成果千姿百态。

仅仅在30年前，互联网还不存在，此后超过30亿人进入网络世界。三分之二的人加入社交网络，其中相当一部分涉及文化。2012年，20亿网民在数千个社交网络交换了1174850亿封邮件[①]，每天点击浏览350亿个视频，完成数亿件商品的在线交易。令人惊讶的是，虚拟世界的发展堪称神速并迅速延伸至全球。它给整个人类活动创建了一种前所未闻的结构，使社交私有化并将彼此作用的个人在无等级的虚拟社区联结起来。

如果说历史上的世界一直是以地缘、政治和文化属性为基础（这些属性尤其决定个人身份），虚拟世界则不认同这些界限，并导致新的跨国别、跨文化属性的产生，这种新的属性融合了各种个人身份。虚拟世界同样也朝着未来数十年的主流方向前行：人－机融合。

照片与透视片

在西方看来，因"财富转移"引起的动荡已改变了一般性和

---

① 《全球发送了多少份邮件？》，Globometer 网站的 "全球数字"，网址：http://www.globometer.com/internet–emails.php。

专业性产品与服务的生产，但文化产品的生产却未受波及。21 世纪初，大西洋区域，更准确地说，美国和欧盟，一直是此类产品的主要来源。这便是全球文化空间照片给人的整体印象，它强化了西方在这方面的统治地位。①

这幅照片展示的是一幅我们熟悉的景象。在这里，我们看到了美国的优势，包括生产总量、对发行网络的掌控以及技术发明构成的充满活力、功能强大的三部曲。在这里，我们还注意到，当涉及政策条文、标准制定，当然也涉及欧洲大陆文化遗产以及成员国中某些国家的文化政策时，欧洲的定位似乎举足轻重，这些东西一直吸引着全球的想象力。在该照片的画面外，还有世界上的其他文化。无论是遥远还是模糊不清，也无论是当地的还是异国他乡的，它们就在这里。按照这一观点，世界其他地区并非文化沙漠，然而它们的文化产品却处于边缘，只有几个例外。它们未被纳入全球文化空间的主要传播网络。

这种观点已经过时。它把全球空间压缩为西方空间，压缩为西方与世界其他地区保持的关系。这幅照片属于 20 世纪。

世界文化空间的透视片展示的是另一种景象，它更辽阔，更丰满。在这里，我们肯定看到了美国和欧洲，但这一次，在全球背景下，我们既考虑到全世界的文化产品，也考虑到新的文化创举端，它们拥有重要的人力、技术和财力，也对未来充满了希望。这尤其是中国（在该领域也渴望成为老大）和其他新兴大国，如

---

① 联合国：《千年发展目标：2013 年报告》，纽约，联合国，2013 年，第 7 页。

印度、俄罗斯、巴西、土耳其、波斯湾的酋长国、南非、印尼、墨西哥、摩洛哥和尼日利亚的情况。这些国家的雄心得到了政府部门、私营经济领域、创作者、传播者、推广者的支持。这涉及培育国内市场，出于自身利益考虑对它们加以监控，并进入公正的国际流通渠道。今天，许多国家紧盯这两个目标。在一些人看来，此类愿望也与治理和掌控互联网的关键技术息息相关，尤其是搜索引擎、面向全球的社交网络，以及经济或商务平台。

这些透视片还向我们表明，美国 85% 的出口集中在美洲、欧洲和日本，即全球化之前的世界，而欧洲国家的大部分出口是在本大陆。不远的将来，这些市场将呈下降趋势。亚洲的文化空间和虚拟空间可能成为世界第一大文化市场，它们尤其受到中国、印度以及韩国的追逐。到 21 世纪中期，非洲市场将达到 20 亿人口，但目前该市场还未完全成形。显然，新的"玩家"正有条不紊地占据世界的整个文化空间。

这一进程正在实现，中国已跻身世界一流艺术市场之列。20 世纪 90 年代中期以来，美国以外的全球电影市场收入上涨 30%，这一增长尤其得益于新兴大国。娱乐市场同样面临着一场剧变，如果说 2006 年美国在该领域的业务量占全球的 48%，按照普华永道的预测，2015 年这一比例则在 38% 左右，10 年下降 10%。①

---

① 普华永道：《全球娱乐与媒体展望》，2012 年。

按照约瑟夫·奈①的观点，美国的优势将持续到 2040 年，当它重新纳入遍及全球的整个文化创举中时，这种优势将日渐衰退。由于自动和同步翻译系统问世，面对多语言系统的重大突破，美国的分量也日益下降。例如，2013 年，谷歌翻译系统将一篇文章译成了 71 种语言。②欧洲则一直受制于生产和市场过于分散，也受制于对美国相关企业，尤其是信息和通信技术企业的依赖。此外，目前的经济和社会危机令欧洲不堪一击，这也使几乎所有欧洲国家都雪上加霜。这种危机（及已启动的漫长结构调整期）损害了欧洲国家的文化政策，大部分国家不得不大刀阔斧地削减文化预算。

世界文化状况还表明，大西洋区域之外的国家制定了坚实的文化发展政策，越来越重视伟大的遗产，尤其是中国，在不远的将来，该国将成为世界的首选旅游目的地。

世界电视领域发生的变化就是例子，这里发生的情况表明其他许多文化或交流领域正在发生的变化。这种改变驳斥了这股力量必然导致千面一律的论调。

最初，世界电视领域是美国有线电视新闻网一枝独秀，许多人当时将之视为一种否认人类政治、文化和语言多元性的可悲霸权局面。现在，无论是在该领域还是在其他多个领域，多元性的

---

① 生于 1937 年，1964 年获哈佛大学政治学博士学位后留校任教，曾出任卡特政府助理国务卿、克林顿政府国家情报委员会主席和助理国防部部长。
② 《去发现我们的翻译是如何创造的》，谷歌翻译网站，网址：https://translate.google.com/about/intl/en_ALL。

力量已势不可当。实际上，在第二阶段，多个带有国际使命的电视频道横空出世后，世界上的各种语言开始在空中传播：英国的BBC（英国广播公司）、俄罗斯的"今日俄罗斯"、阿拉伯语的半岛电视台、日本的NHK世界台、法国电视五台和"法兰西24小时"、中国的中央电视台、印度的ZeeTV（印度首个卫星电视频道）、巴西的巴西国际电视台、非洲的"非洲24小时"、南美洲的南方电视台、摩洛哥的马格里布电视台，以及其他许多电视台。

作为人类大家庭多样性的体现和展示其文化的窗口，这些早期国际电视节目的影响力因成百上千的网络电视而扩大，它们对世上发生的事件或直播，或上传到手机屏幕，从不同角度进行报道，用不同语言进行评论。

在全球文化空间，大范围的历史变化无疑正在发生，远未结束，它迫使我们对文化的多元性重新进行有效的评估，不再只是将它作为一种无可争议的遗产，而是作为一种受到财富转移和数字时代全面到来所影响的积极力量。从这种意义上说，21世纪是一个多元世纪。

对未来的预测

本书中，我们无法回避未来。因此，我们预测了21世纪文化在未来的几种可能。

有人认为，目前的突变标志着西方文化霸权以及美国超级大国短期霸权的结束；也有人认为，恰恰相反，它标志着西方的胜利，其技术进步、经济体制、自由理念和文化模式将一统天下。按照他们的说法，美国梦即使在西方越来越难以实现，也不可能被世界上其他任何梦所替代。

不过，还有人认为，西方的这种胜利十分脆弱，它更像是其强盛的一时结果，而非深刻的影响，最终只在世界表面留下一层薄薄的油漆而已。他们相信，各种文化会强大地重新崛起，甚至提到了来自地球东部和南部的文化浪潮。

我们的预测将考虑以下五方面的数据：第一，财富从地球西部向东部和南部的转移；第二，数字时代的全面到来；第三，人口变化及全球人口分布；第四，全球消费市场的持续扩大；第五，一种世界观的转变，即从把西方看作是人类文化中心和文化标准起源，转为西方只是更广阔的文化整体中的一员，这个整体包括了亚洲、非洲和拉美文化。①根据这一观点，文化彼此间不分高下，它们被理解为个性体验的不同表达，其单一性属于人类大家庭多元性和单一性的互补秘密。

这些数据每一个都十分重要，而它们的融合则更加重要。我们的预测当然要考虑这一点。

这些预测肯定会考虑全球空间的变化，因为未来的变化与我们感知它和思考它的方式息息相关。在这个新的世界，财富分配

---

① 联合国教科文组织 2009 年出版的《对文化多元性和不同文化间对话的投资》全球宏观报告中缺少这一重要数据。从该报告的前几页开始，它就像是西方世界观的豪华版。

将更加公平，数亿人口将脱贫并搭上世界经济的快车，80% 的人口将生活在亚洲和非洲，66% 的人口将生活在城市。同时，50 亿人口将能上网。

届时，世界将全面进入数字时代，人与机器人之间的互动关系将进入各个领域，包括文化领域。西班牙舞蹈前卫设计师布兰卡·李创建了一个由人类与机器人组成的舞蹈团。该团在欧洲各地的表演中，团员的动作（无论是独舞还是共舞）、彼此间的关系（无论亲近还是疏远），创造了一种美感并且共享激情，使人忘却彼此间的差别。未来数十年，机器人与有血有肉的人类间的亲密关系将不断上升，不断丰富人类的经历。

在历史长河中，不同文化彼此吸引一直占据主导地位，如亚洲文化与阿拉伯世界的文化，它们是欧洲文艺复兴的根基；还有印度佛教文化、中国道教文化和日本神道教文化，它们确定了大亚洲的文化景观；苏丹世界的文化与伊斯兰、欧洲文明，它们显示出非洲的内在轮廓；美洲大陆原始民族的文化，它们丰富了征服者的知识。这类融合构成了人文精神，将外来文化要素变为身份要素。由于世界各种文化的进一步接近，未来这种"炼金术"无疑将起决定性的作用。

纵观全球文化

在构思本书过程中，驻世界各地特派员提供的资料让我们受益匪浅。这些研究人员让我们获得了他们在亚洲、拉美、美国、非洲和欧洲的研究成果。这些成果丰富了我们蒙特利尔小组主导的研究，尤其是他们就信息和交流的先进技术对文化经济产生的冲击所做的分析。

特派员的出色工作使我们得以证实全球的新兴文化极以及政府和私人在支持文化服务、生产和流通（包括创建创意经济）的传统方式方面的投资规模。这些投资丰富了全球范围的文化供需，文化产品的总量、多元性和目的地，对大西洋区域外的国际文化盛会（包括艺术双年展、电影节、图书沙龙、涉及创意经济的交易会）的日益增加做出了贡献。上海、斋浦尔、伊斯坦布尔、孟买、高知、墨西哥、迪拜、马拉喀什、圣保罗以及其他许多城市实际上成为绕不开的文化目的地。最后，它们推动了国际艺术市场的扩充以及该市场从西向东的迁移，因为中国已从美国手中接过老大的位置，中国创作者在艺术品最佳销售业绩前 10 名中占有 6 席。①

这些新极的诞生改变了世界的文化版图。中国希望将文化和娱乐产业对 GDP 的贡献率翻一番，并向全球文化市场发起进攻；印度为进一步扩大各种文化产品在世界的占有率也投入大量精力，尤其是电影业，以改善它对先进技术产品的依赖；2000 年以来，俄罗斯的文化创举此起彼伏，旨在重振苏联解体前的文化雄风；巴西拥有政治文化意愿并不断丰富它与拉美和非洲在该领域

---

① 在全球市场上，中国画家齐白石和张大千的作品售价超过毕加索的作品售价。

的合作；土耳其在中亚和原属古代奥斯曼帝国的某些国家培育了一块文化势力范围；阿联酋已将文化作为提升其威望和影响力的工具并为实现这一目标进行大规模投资；韩国的音乐和电视剧已在中国、日本等许多亚洲国家乃至世界获得巨大成功；尼日利亚成为全球电影产量最多的国家之一，得益于被喻为"非洲的网飞（Netflix）"电影点播网络平台 iROKOtv，今后人们可以在非洲甚至全球进行点播；墨西哥和巴西的电视产品已在拉美、欧洲和非洲占领了荧屏，也占据着人们的心灵和精神。

文化服务和文化产品这种新的百花斗艳局面得益于数字时代令人眼花缭乱的终端：储存端、翻译端、传播端、互动端。有史以来，全世界从未有过如此多的人能享受如此众多、如此丰富的文化盛宴。在北京点击一下鼠标，罗浮宫的大门便会打开；在巴黎点击一下鼠标，就会轮到紫禁城的大门打开。海地裔美国画家让－米切尔·巴斯奎特、中国画家张大千和伊拉克画家艾哈迈德·奥索丹尼的作品让你着迷了吗？点一下鼠标，你就能看到这些画家及其作品。如果点击上百下或上万下，就能看到相同数量的画家及其作品，在时间和空间中，他们在何处或你在何处已无关紧要。多点一下鼠标，便可以用自己擅长的语言在他们的世界里遨游。

对世界进行整体思考

导致全球文化空间重组的变化仍未完结，这些变化既是空前的，又是历史性的。它们源于资金和技术能力的全球化，而这一结果则源于财富从地球西部向东部和南部转移，源于市场经济延伸至全球以及数字文化的全面到来。我们刚刚提到过，它们有助于文化服务、资产和产品供需的增加。这种供需来自全球所有地区，它们体现的精神、文化和语言多样性堪称前所未有，让消费者心满意足且备受鼓舞。而且，这些变化让人们隐约看到亚洲未来的优势，非洲在虚拟空间、人口、经济和文化方面的分量以及西方作为文化大家庭中的一员，在世界文化格局中的定位。世界其他地区不是（也不再是）西方利益在地理上的延伸，因此站在各自角度去思考世界将不再可能。今天，思考世界，必须是整体思考。

欢迎进入 21 世纪，一个多元世纪。

第一章

一个新的世界

如同一个活着的机体，世界公共空间格局不停地发生变化，表面上的持续性掩盖不了其多变性。根据历史的不同时期，矛盾体的共处有时显得十分艰难，比如，二战刚刚结束，占人类近一半的人口掀起非殖民化运动；再如数百万人动员起来，走上布拉格、华沙和柏林街头，最终导致苏联解体。其他原因也可以破坏这种共处：一种进步技术的全面应用，如互联网；或者一位非凡人物的决定（如甘地或曼德拉等）。于是，会出现罕见而重要的现象，世界布局出现裂痕，人类跨过界碑，进入一个至此仍鲜为人知的世界公共空间。

这样一种破裂发生在 20 世纪末。瞬息之间，我们进入到一个新的世界。在本章我们将探讨的这种跨越，是由国际经济关系的彻底颠覆以及几乎渗透所有人类活动的数字力量的突然出现引起的。如果说一张新的世界文化版图正在形成，它将是这个新世界的成果，也将是新世界的体现，因此充分认识它十分重要。

这种破裂是西方财富向东方和南方转移的结果。分隔过去和未来的界线已被跨越。这种转移告别了以欧洲和北美洲为主统治世界达四个世纪之久的大西洋文明。它将持续改变国际社会的经济和政治格局，并影响着数十亿人口。可以预见的是，这种变化将面临相对漫长的循环，然而，这种能力转换和财富的重新分配将是不可逆转的，它们从此将进入历史的DNA。

这种破裂也源于数字力量的到来，这是史无前例的：它涉及一种正在扩展的、转眼间控制了世界所有国家和人类所有活动的技术。法国一条广告一语道破天机："互联网是我们的世界。"过去25年里，人类的一半已经连接上这个既不太看得见，又无处不在的世界。不久的将来，大部分人口将进入这个世界。因此，我们必须学会区分真实世界和虚拟世界，并将其视为生活的补充场所。

现在，人类成了两个世界的公民：一个是自其诞生以来我们便力图了解的现实和历史世界；另一个是从此我们必须不断追求融合和意义的新的虚拟世界。现在，人类已被召唤从一个世界进入另一个世界，跨越界线进入一个至此鲜为人知的世界公共空间。他们必须学会适应这个新的环境，在此制定一些能保证凝聚力、安全以及国际社会发展的标准，以促进和保护人类尊严。

历史的结束还是开始？

20世纪的意识形态大战在1989年至1990年结束。从历史角度看，历史上的重大变迁通常都伴随着冲突与流血，然而苏联的瓦解既无冲突，也无流血。但在整个 20 世纪，它对国际社会格局的调整产生了重大影响。短短几年，市场经济胜利了：作为普遍标准提出的市场经济标准主导着经济升级及其全球化，在这一过程中，经济自由主义将一切扫地出门。就在此事发生的 10 多年前，邓小平带来了中国的决定性承诺。俄罗斯因未胸有成竹，比中国晚到了十几年。因此，科学社会主义的两个主角选择了他们一直与之不懈战斗的经济体制，说明他们承认市场经济有可取性，从而结束了一场意识形态的百年之战，但并未影响其大国地位。

于是，天真者们自鸣得意，毫无节制地进行炫耀并宣布"历史结束"，这是双重错误的标语。实际上，市场经济和它确实具有的价值不可能是人类所有意愿的形式和内容，也不可能是世界各种文化的混合体和凝聚整个历史的吸铁石。而且，这种表述是"一种基督教箴言，与我们没有任何关系"。按照日本作家西谷修的说法，它与亚洲和非洲的大部分哲学无关。实际上，此类哲学并不认为历史是向前行进，奔向一个目标、一个目的。①

建立世界贸易组织（WTO）以取代关税及贸易总协定（GATT），国际贸易谈判的加速导致了坎昆失败，已让西方得意扬扬并让其体制扩张到全球。一段时间内，西方的利益俨然与世界其他地区的利益浑然一体，这些地区再次被视为西方自然而合法的扩张。于是，整个地球被看作一个巨大市场，对所谓发达国家的企业攻势完全开放，这个市场的总人口达到数十亿。这种扩

---

① 雅恩·卡西勒：《日本思想家：起始的对话》，巴黎，光辉出版社，2006 年，第 25 页。

张得益于在此之前几乎只有这些国家掌握的强大通信和信息技术能力，它们只向世界出口此类技术的使用权。

与所有的预测结果（包括表面上最可靠的国际金融机构）相反，这些宏观战略的主要后果是彻底动摇了自 16 世纪以来建立起来的西方优势。瞬息之间，这种优势便被东方一些国家（尤其是中国）史无前例的大规模国际直接投资所削弱，也被西方工业机器和研究机构的大量迁出以及大规模技术转移所削弱。新兴国家迅速掌握了促进经济增长的能力，并成长为一股可怕的工业和贸易力量。大西洋区域国家除了扩张其工业机器，增加单位效益，别无选择，它们原本寄望从中迅速获得巨额利润。它们一一创造的这种能力转让却转变成国力的转让。前面已经提到的经合组织（OECD）① 将这种局面喻为"财富转移"。

西方很快耗尽了它们的成果。21 世纪之初，它们被迫重新与刚刚被视为"新兴"的经济体进行妥协，根据多种相关分析，新兴经济体将进入前列。它们亦重新处于一种脱胎换骨的国际经济环境中。实际上，新兴经济体对各种自然资源，包括能源的需求，加剧了全球的需求，有助于推动亚洲、拉丁美洲和非洲之间的新型关系。忽然间，发达国家的利益不再与世界其他国家的利益浑然一体，不再被视为大西洋区域大国的自然和合法的扩张。被一些人宣布结束的历史改变了方向，这是对这种傲慢预测的莫大讽刺。

我们还要了解一下 1990 年至 2005 年发生的真实情况，它让

---

① 经济合作发展组织，同第 11 页注①。

人类历史上最重大的一次资源转让得以实现，勾画出一张新的增长地图，并在瞬息之间成为一张世界经济、金融和贸易的新版图。是什么战略使发达国家的这种扩张愿望得到实现并最终变得事与愿违？又是何种战略使接受国（尤其是中国、印度、印尼、俄罗斯、巴西、墨西哥和土耳其）获得了一系列能力并将其用于应对国内形势和国际地位的显著变化上？

这显示了西方与世界其他地区的何种期盼？这种或落空或得到满足的期盼将在世界棋盘上改变彼此的位置，进而改变西方几个世纪以来所占据的位置。这是嘲弄人类预测历史力量的体现，还是西方庞大分析机器的一次严重失误？它们自以为能够预言世界会发生什么或必将发生什么。第二种假设是显而易见的。历史学家马克·费罗在其最新著作中起草了一份人们无法预料的大事清单。

2008 年，基辛格①在美国拥有超级大国地位时对其精神状况作了如下表述："美国在权力达到鼎盛期时，处于一个具有讽刺意味的位置。当世界面临着或许是历史上最深刻、规模最大的动荡时，它却未能成功制定一种反映新兴现实的政策。"②10 年后，法国外交部前部长于贝尔·韦德里纳从世界新形势及由此产生的力量关系中得出教训："当今世界，世人不能强加于我，我亦不再能强加于世人。"③他在提到世贸组织的贸易谈判时做了如此表述。简

---

① 美国著名外交家、国际问题专家，曾在 1973 年至 1977 年任美国国务卿。
② 亨利·基辛格：《美国需要外交政策吗？走向第二十一个世纪的外交》，纽约，西蒙与舒斯特出版社，2008 年，第 19 页。
③ 于贝尔·韦德里纳：《就法国和全球化给总统的报告》，巴黎，法雅德出版社，2007 年，第 122 页。

而言之，在不到 10 年的时间里，力量关系已经发生变化。西方已无法制定标准并使其得到遵守，而新兴大国也无法制定自己的标准并将其强加给世界其他国家。这种状况令人担忧，尤其是涉及安全和使用全球资源时，它参照的是一个过时的世界，谁都不清楚未来它会变成什么样。

在这两个世界之间，注定此消彼长，彼此的处境似乎一直在变化。

美国还未成功制定出反映世界新兴现实的政策，而这种无能为力显然使其变得不稳定。它必须接受其不再是唯一超级大国的现实以及失去世界经济一流国家的地位。过去半个多世纪里，它曾经是大西洋国家及其经济领域和军事同盟无可争议的领袖，现在它只是一个太平洋国家。曾让美国扬名的原动力：历史上的哲学乐观主义、第一军事大国地位及其强大的科技力量成了什么？在其对外政策，尤其是它在近东和中东经历了重大的、悲剧性的和反复的失败后，所有这些似乎还不足以恢复其声望以及在全球的实际分量，也不足以让美国消除一场重大的伦理危机，它破坏了政治体制的运转，并让其陷入一场经济衰退和大规模的社会危机中。美国和西方其他国家的数千万人在动荡和贫困中苦苦挣扎。[1]对美国人（及世界）来说，美国梦和美国模式的未来是什么？[2]

---

① 约瑟夫·E. 斯蒂格利茨：《不平等的代价：今天的分裂社会如何危及我们的未来》，纽约，W. W. 诺顿公司，2013 年。

② 迈克尔·E. 波特、马克·R. 克莱默：《创造共享值》,《哈佛商业评论》2011 年 1 ~ 2 月，第 62 页。

至于欧洲，"它脱离了历史吗？"让－皮埃尔·舍维内芒[1]在最近的一部著作中自问，该著作对许多人的提问做出了回应。[2]二战（在变为世界大战前曾是欧洲大战）后，这块古老的土地将历史霸权交给了美国。它还放弃了大国的工具并且不再拥有：可以让其出现在世界任何地区并拥有强大军力的政治工具；欧洲现行体制（货币、金融、税务、研发）似乎无法组建的经济工具，从国家层面看只有德国例外[3]；面对诸如美国、中国、印度、巴西、尼日利亚和印度尼西亚这样的大国，欧洲语言的碎片化（没有一项多语言政策能够成功避开这一现实）无法实现强劲发展的文化工具。今天，欧盟首先是作为一个经济市场出现的，它在很大程度上转向了自我，而在冷战期间，它是美国外交和军事监护的受益者。正如德国前总理施密特声称的那样，如果确实是"欧洲文明的幸存取决于欧洲人的团结能力"[4]，这就意味着时间紧迫！世界货币基金组织已将欧洲和美国分开，这是一项伟大的创举，它将这个古老的大陆放到一个特殊的巢穴中：2013 年至 2014 年，欧洲实现 0.8% 的微弱增长，处于新兴国家的"快速"增长和美国"不太高"的增长之间。

亚洲，尤其是处在该大陆被其他大国包围的中国，在抓住了

---

① 曾担任法国国防部部长、内政部部长、教育部部长等职务。
② 让－皮埃尔·舍维内芒：《1914 年至 2014 年：欧洲摆脱了历史吗？》，巴黎，法雅德出版社，2013 年。
③ 欧洲经济目前的危机似乎与拉美和非洲的情况相似，它带来了漫长而痛苦的结构调整期。
④ 瓦莱里·吉斯卡尔·德斯坦：《欧洲的杂音》，《观点杂志》2013 年 6 月 6 日。

有利的历史机遇并将各时期最重要的金融和贸易、科学和技术资源转移变为真金白银后，正逐渐成为世界的核心。我们在前面已经提到过，此类转移将不可避免地导致国际关系的重新调整。

世界其他地区因正在发生的变化而凤凰涅槃。拉美最终走出了巨大的政治和经济泥潭，其经济振兴由巴西和墨西哥主导。非洲逐步找回自我，在复兴和新兴的理念之间游移。这些年来，非洲大陆百废待兴。一些国家，如尼日利亚和南非，已跻身世界强国之林，这使非洲拥有了现代和当代一度被剥夺的谈判资本，以及外国直接投资（不仅仅是在自然资源领域）接近 6% 的平均增长水平，这一切表明它已经成为世界经济体中的一员。贫困率在下降，中产阶级的规模呈现持续增长。最后是如此富有又如此贫瘠的阿拉伯世界，深受历史支离破碎之苦，导致它精疲力竭，但不包括一些将 21 世纪建在沙漠中的波斯湾酋长国和摩洛哥，后者的稳定是建立在君主立宪制基础上的。还有一些特殊情况：曾经是且一直被视为帝国的俄罗斯，同样曾是帝国的土耳其，最终在其古老国土和其他几个国家编织起一张可分享共同记忆、共同语言和共同宗教（某些情况下）的网络。

历史上最重要的转移

简要提一下，人类历史上最重要的资源转移分解如下：

1. 最初，北半球企业的非本地化；接下来的第二阶段，是创新和科研手段的非本地化。根据经合组织统计，2010 年，世界超过 40% 的科研人员入驻亚洲，来自东北亚、东南亚和中国的专利申请戏剧性上升。2008 年，中国大概是继日本、美国、韩国和德国之后的世界第五大专利受理国，此后进入世界先进国家的行列。[①]这就解释了所谓新兴国家为什么能够进入先进技术产品的生产领域，无论是从太空领域到核领域，还是从航空领域到新型材料领域，从药理学到自动化学，以及与信息和通信技术相关的产品，都是如此。

在西方，有的人将非本地化企业的回流视为治疗美国和欧洲所患疾病的灵丹妙药。然而，即便所有非本地化企业都走上回归之路，能力的转移一旦发生，就不会停止，在新兴国家或有此意愿的国家创建的企业和研究实验室也不会销声匿迹，如同分包网络和国内市场一样，昨天还无力支付，今天却受到全球所有商家的青睐。

2. 外国直接投资的大规模转移。从 20 世纪 80 年代开始，其他国家对中国的投资总量节节攀升，2012 年达到 1960 亿美元，高过美国的 1680 亿美元。财富转移破坏了外国直接投资的活力，此后它将包括来自新兴国家的投资，尤其是中国，该国已位居全球对外投资第三名，仅次于美国和日本。中国、印度、巴西、俄罗斯和阿拉伯投资者形成了一个受西方资本追捧的"高级俱乐部"，它们寄望于从这些财富新贵们目前和未来的收益中分一杯羹。

---

① 摘自《世界知识产权组织专利报告：世界专利活动的统计》，日内瓦，2007 年；弗朗索瓦·拉法格：《从新兴经济体到新兴大国》，《国际问题》第 51 期，2011 年 10 月；《数字亮点》，《经济学人》2013 年 1 月 5 日。

2011 年，亚洲协会发表了一份有关美国可以从中国直接对外投资中获益的报告。[1]第二年，荣鼎集团也发表了类似报告，但这次是有关中国对欧洲的投资。[2]2013 年，中国在全球的直接对外投资有史以来首次超过外国对中国的直接投资。

3. 新兴国家的跨国公司崛起。2013 年，在"福布斯全球五百强"名单中，有 213 家世界五百强跨国公司属于"金砖五国"（巴西、俄罗斯、印度、中国和南非），其中 95 家是中国企业（2008 年只有 34 家），132 家是美国企业，110 家是欧洲企业。这些数字既证明了跨国公司本身增长的效果，也证明了通过直接投资、收购或参股，对现有集团控股的效果。自 2010 年以来，中国投资者对欧洲和美国公司的收购和参股每年达到 800 亿至 1000 亿美元。

4. 南南贸易和投资上升。据亚洲开发银行的一份最新研究，2000 年以来，其增长率已达到 20 倍，而世界贸易增长率仅为 4 倍。[3]北南贸易成为这种被称为"21 世纪初世界贸易最戏剧性变化"的最大受害者。[4]1990 年，南半球四分之三的高端产品从北半球进口。2010 年，这一比例已下降到 50%。

5. 南半球的证券业务发展今天已相当于西方证券业，未来它

① 丹尼尔·H. 罗森、蒂洛·海里曼：《美国的门户开放？中国对外投资的利益最大化》，纽约，美中关系中心亚洲协会，2011 年。
② 丹尼尔·H. 罗森、蒂洛·海里曼：《中国在欧洲投资：模式、影响和政策问题》，荣鼎咨询，2012 年。
③ 戴维·韦塞尔：《南南贸易的兴起》，《华尔街日报》2008 年 1 月 3 日。
④ 让－拉斐尔·沙波尼耶、马克·洛捷：《南南贸易在全球贸易中崛起》，《世界经济 2013 年》，巴黎，发现出版社，2012 年，第 91 页。

将跻身世界一流证券行列。世界证券交易所联合会的数据表明，1990 年，美国和亚洲的股票现价总值分别为 4.2 万亿美元和 3.1 万亿美元。20 年后，亚洲的股票市值一跃为 19.3 万亿美元，美国为 22.1 万亿美元。

显然，一种新的金融地缘正席卷全球，它将对金融市场，也很可能对该领域的调整产生重大影响。[1]英国咨询公司 Z/Yen 集团在一份有关世界证券市场的年报中指出，亚洲所有金融中心，除了北京，均呈上升趋势，香港、吉隆坡、新加坡和东京创下了世界最高增长率。

6. 新的金融储备或"主权基金"、由外汇储备或者说官方储备支撑的国家投资工具、矿租基金或贸易盈利基金集中在中东和北亚。[2]这些基金"反映了全球财富的重新分配正从工业化国家转向新兴国家，经济关系正朝着有利于中东和亚洲的方向逆转，全球经济体转向东方。今天，这类基金已经达到 80 个，其中超过一半是 2000 年后创建的。2009 年，这些基金的资产总额达到 3 万亿美元，2015 年，这一数字可能达到 5 万亿美元"[3]。

这种财富转移使中国成为世界上最大的债权国之一，也使它处于十分有利的位置，如果中国决定将其货币变为一种储备货币，

---

[1] 埃里克·奥尔森、弗兰克·普拉施克、丹尼尔·斯特尔特：《艰难中求发展：在低增长经济中创造价值》，波士顿，波士顿咨询集团，2010 年。

[2] 卡洛琳·贝尔坦·德拉库尔：《主权财富基金：全球经济的新主角》，巴黎，回声报出版社，2009 年，第 19 页。2008 年，46% 的主权基金由中东基金持有，29% 由亚洲基金持有，17% 由欧洲基金持有，5% 由非洲基金持有。

[3] 同注 [2]。

确保其"在遭遇金融危机时拥有一张牢固的安全网"①似乎已经水到渠成。2012年，中国工商银行首次跻身按资本排名的世界银行十强。中国建设银行、中国银行和中国农业银行也榜上有名。

7. 中国渴望发展可取代目前世界标准的国家标准。人们将"火力"形容为向国际标准化组织和其他认证组织发起的"远征"，目的是要将中国的先进技术产品引入世界市场。这一政策目前正付诸实施。我们尤其联想到有关高清DVD播放机和3G移动电话的中国标准，在北京奥运会举办之际推出的Wi-Fi国家标准，新的中国互联网IP协议，至于电动汽车，我们则想到中国汽车制造商的共同标准。如果这些国家标准在国际市场得到承认，中国将赢得重要的工业优势；如果让其付出昂贵代价的局面得到逆转，它将从专利使用中获得重要资源。

世界经济、金融和贸易新版图是所有这些变化带来的结果。尽管还未结束，但它已让我们看到了前面提及的这种财富转移、7个新兴国家的崛起、65个发展中国家的新定位，它们实现的经济增长率相当于发达国家平均增长率的2倍。2030年，巴西经济将达到日本的经济规模；印尼和墨西哥的经济规模将超越英国和德国；俄罗斯和土耳其的经济规模则将分别与法国和意大利旗鼓相当。

国际经济关系的这种转变，对世界出口的目的地、国际贸易净结算、全球GDP的构成和购买力将产生重大影响。

在出口目的地方面，北美自由贸易协定成员国49%的出口是

---

① 世界银行报告：《中国2030：建设一个现代化、和谐和创造性的社会》，华盛顿，2013年，第29页。

在它们之外实现的；对欧盟成员国来说，这一比例只有35%，而东南亚国家联盟成员国则达到75%。①简而言之，北美自由贸易协定成员国和东盟成员国进入一个全球开放的投资和贸易空间，比欧盟成员国获得的好处更多。

在国际贸易盈亏方面，世界经济关系的逆转尤其使中国实现了可观的贸易顺差：1990年为100亿美元，2008年至2013年平均达到2750亿美元。

至于亚洲对全球GDP的贡献率，所有预测都表明，从现在到2050年，亚洲的贡献将翻番，即从25%上升到50%。最后一个重要数据是，从现在到2020年，亚洲中产阶级的人数将增长3倍，达到17亿。②

所有这些变化，对大幅减少亚洲贫困并使非洲贫困自1980年来首次下降（虽然是缓慢地）做出了重要贡献。根据联合国统计，1990年至2010年，全球生活在赤贫中的人口比例已减少一半，相当于7亿人口脱贫。这些变化主要发生在亚洲。而30年前，南亚51%的人口日均收入不足1.25美元，这一比例今天已下降至30%；在东南亚，该比例1990年为45%，目前已下降到14%。中国的情况特别值得提一下，虽然12%的中国人仍生活在贫困线以下，但1990年这一比例高达60%。在拉美，尤其是加勒比地区，贫困人口的比例已从12%降至6%，而撒哈拉南部非洲，这一比例也从56%降至48%。在被称为发展中的世界，贫困到处都在减

---

① 世界贸易组织报告：《2011年国际贸易数据》，日内瓦，2011年。
② 安永报告：《快速增长的市场预测》，2011年。

少，但这一比例在非洲大陆仍居高不下。在这里被忽略的人口数量在上升，从1990年的2.9亿上升到2010年的4.14亿。如果说全球整体结果普遍不错，却无法让人忘记世界上仍有9亿人口的日收入不足1.25美元，也无法让人忘记"1亿多不足5岁的儿童仍忍饥挨饿，营养不良"。

整体结论出自以上冗长数据，从今以后亚洲将处于世界经济的中心，这便是财富转移的历史结果。亚洲已处于一个新世界的中心。这一变化是中国与美国展开博弈的原因，它们都想从全球经济的新调整中获取最大的经济和政治利益。中国已向其亚洲邻国①（也是其最初的经济伙伴）提出一项地区自由贸易协定；美国则向这些国家提议建立不包括中国的跨太平洋伙伴关系，该协议已于2016年2月签署，即TTP（泛太平洋战略经济伙伴关系协定）协议。

新世界之战如火如荼。如果说它明显是在经济领域中展开，却同样与政治和伦理因素不可分离，它对国家的内政、外交以及社会治理具有决定性影响。从这种意义上说，它在重新确定个人尊严、个人权利和责任以及国家优先权时，必然对文化产生影响。最后，是否必须将人类视为一个仅仅因利益联结的实体班子或干脆视为一个想方设法将其多元性与单一性结合起来的共同体？在这个新的世界里应制定何种标准？经济、社会和文化发展之间的关系又如何？

---

① 包括泰国、文莱、柬埔寨、印尼、老挝、马来西亚、缅甸、菲律宾、新加坡、越南、日本、韩国、澳大利亚、新西兰和印度。

历史上最富成果的技术

　　数字时代的到来是我们试图了解的这个新世界的第二大特征。这一变化的性质堪称史无前例。[①]实际上，历史上从未有过可与虚拟世界诞生相提并论的东西，它既是现实世界的副本，又能与之重合。它的诞生打破了由来已久的专属权，将其支配权和能力延伸至各种事务，为交流开辟了一个几乎没有限制的天地。按照瑞典前首相卡尔·比尔特的说法，互联网已成为世界最重要的结构。明天，它将是所有基础结构的基础，它包围并改变着我们的世界，任何文化都无法置身事外。相反，所有文化从此都将置身于历史的现实世界和跨文化的虚拟世界，分享人类的活动。

　　虚拟世界使大量以网络为基础的行动成为可能，1990 年此类行动几乎为零，2012 年达到 70 亿次，2017 年将达到 116850 亿次。[②]网络新增数千公里的电缆和光纤以及 3000 颗环绕地球的通信卫星，遍布全球各个角落。没有它们，数字时代将是一种幻想。终端网使这个新的时代进入我们的个人生活和集体生活，使其生机勃勃、有条不紊，不断超越自我，并使几十亿次的交易通过上亿台服务器完成，这些服务器成为交易的有机结构。网络从 1.0 升级至 2.0 后，结束了网民的消极期，使他们摇身变为生产者和传播

---

① 埃里克·施密特、贾里德·科恩：《新的数字时代：重塑人、国家和企业的未来》，纽约，亚飞诺普出版社，2013 年。

② 同第 42 页注①。

者。对世界的论述（即自我表述和对所发生事物的论述）突然间发生了变化。人们可以直接与他人沟通、联系而无须借助于某些人。今后，这种能力可以随时展现并牵动数十亿人的心。

这个虚拟世界并非是现实世界的拷贝或投影，而是作为一个特殊实体存在的，因为，使其成为可能、形成一定结构并得到发展的数字化的能力和作用，属于创造现实和特殊关联的自主范畴。"凡事均可成为数字数据，因此凡事也肩负着一种使命，即在一个横空出世的虚拟世界中有了自己的身影。"①美国散文家保罗·福特将这一概念扩展到人类身上。依他之见，我们不再只是我们自己，每个人从此都拥有一个储存在世界各地数据库中、属于统计学范畴的新自我，成为人类事件永久性索引的组成部分。所有重组的人类已拥有或渴望拥有一种存在，甚至一个数字身份，因此均属纳入索引的范畴。一些人对这种扩张感到担忧，另一些人则提醒，数字时代如同所有真正的技术变化一样，既包罗万象又无所不知，既制造阴影也增添光明。

数字时代的胃口很大。它在整个世界（一个消除了有形和无形疆界的世界）中无处不在，涉及各种社会人物、各个年龄段和包括体力、脑力、文化、科学和精神领域的所有人类活动。因为古今遗产的数字化和储存，产生了海量数据，"导致衍生出要么不为人知，要么遥不可及的新知识"。尤其是人类基因组的解码、粒子物理学（描述物质的基本结构）标准模式的完成，以及利用皮肤细

---

① 斯特凡·格兰巴克、斯特凡·弗雷诺：《数据：未来的力量》,《世界报》2013 年 1 月 8 日。

胞进行特种细胞的生产，使人类能够开发新的人体组织和器官。

这些成就属于虚拟世界，构成了虚拟世界独一无二的参天大树、高级研究课题和不容置疑的力量。今后，这些成就迫使我们改变对世界的思考方式。实际上，如果我们习惯于应对变化，面对现实世界的另一面，就不会束手无策，它既脱离了现实世界，又有效地揭示了它的多元性和单一性。

数字人类

网民群体在 1990 年突破零以后便一路飙升。2000 年，全球网民人数为 3 亿，2010 年为 22 亿，2015 年则达到 34 亿左右。到 2017 年，这一数字将达到 36 亿左右，该人群约占全球人口的48%[①]。届时，他们中超过三分之二的人将利用移动平台使用手机上的各种功能。网民人数平均每年新增 1 亿多，此外，几乎所有政府和私人机构都在使用网络。网络彻底改变了人类、社区和世界之间的交流天地。面对创新、改变系统，尤其是改变心态的困难，持怀疑态度几乎是全球性的，相关论述不计其数。那么，这种更新满足了什么样的持续性，又迎合了什么样的企盼？

2012 年，44.8% 的网民是亚洲人，该大陆的网络渗透率为

---

① 2017 年互联网用户数预计为：非洲和中东 4.13 亿（与 2012 年相比，增长100%）、亚太地区 18.73 亿（其中 9.09 亿在中国，与 2012 年相比，增长 80%）、欧洲和独联体 6.79 亿、美洲 6.41 亿。

27.5%。亚洲共有 17.6 亿网民，其中中国为 5.38 亿，印度为 1.37亿，印尼为 5500 万。欧洲有 5.18 亿网民，比中国少 2000 万，其中德国为 6700 万，俄罗斯与其相当，英国 6300 万，法国 5300 万，欧洲的网络渗透率为 63.2%。美国有 2.73 亿网民，相当于中国的一半，其网络渗透率达到 87%。非洲只有 1.67 亿网民，目前该大陆正设法弥补这一差距。我们可以看到，网络应用是全球性的。

这一潮流没有任何意识形态或政治界限。无论是在北京、圣地亚哥、内罗毕、迪拜，还是在伊斯坦布尔、乌兰巴托、拉巴特、太子港，它都备受欢迎。如果说该系统丰富了新的世界经济版图，它也侵入了广阔的文化领域。实际上，它为文化产品的创作、展示和流通提供了前所未闻的资源，使参与这个特殊空间活动的人们彼此能够交流。

网民聚集在数千个社交网站，构成一个庞大的虚拟世界建筑。2012 年，他们中有约 17 亿人加入到社交网络。①网民的年增长率在印度和印尼为 51%，墨西哥和巴西分别为 17% 和 14%。我们估计，到 2017 年，社交网络的参与者将达到 25 亿左右，并且他们将把近 20% 的时间花在网上。

由于象征着所有关系和互联设施，这些社交网络不断增加并且提供日新月异、日益复杂的功能。我们估计，2012 年其数量在4000 个左右，其中某些社交网站成为汇集大批专业网络的平台。因此，允许创建个性网页（超过 30 万个）的美国社交网站创建平

---

① 其中中国 5.25 亿、印度 2.82 亿、拉美 2.16 亿（其中巴西 1.74 亿）、美国 1.83 亿、欧洲 1.74 亿、中东和非洲 1.726 亿。

台 Ning 就包括在这一保守估计中。要掌握成千上万虚拟社区的准确数据很难，甚至不可能。它们此消彼长，不停地改变着数字世界。

　　有些网络面向所有人，网民可以使用几乎所有功能。[①]有些网络则是区域性的，即它们只能在世界的某个国家或地区[②]，在包括有一个重要国家及其民族分散居住的区域使用，如在中国[③]。还有一些是国家的，其网民数量呈爆炸式增长[④]。某些网络类似于专门社区：有职业的[⑤]，有社交的[⑥]、经济的[⑦]、文化的[⑧]，还有针对侨民群体[⑨]或某个种族的[⑩]。另外，有些网络则按网民年龄[⑪]或宗教信仰[⑫]分类。这些网络改变了人们工作、交流的方式以及个人或集体生活的方式，其中有相当一部分是多语种或多文化的，揭

---

① 例如 Facebook（月用户量 12 亿，市值超过 650 亿美元）、Twitter（拥有 21% 的互联网用户）、My Space、LinkedIn（拥有 2 亿会员，估值接近 200 亿美元）、Hi5（拥有 6000 万会员，分布在 200 个国家）——某些网站已成为名副其实的媒体。

② 例如 Cyworld（韩国）、Sonico（拉美）、Ibibo（印度）、CozyCot（东南亚）、Friendster（南亚）。

③ 例如豆瓣网。

④ 例如 Vkontakte（俄罗斯）、Mixi（日本）、Orkut（巴西）、Bigadda（印度）、Cloob（伊朗）、IRC–Galleria（芬兰）、iWiW（匈牙利）、Partyflock（荷兰）、Dailymotion（法国）。

⑤ 如学术型社交网站 Academia.edu。

⑥ 如社会活动类网站 Ning、Care2；医疗类网站 Patients LikeMe、Practical Fusion（有 15 万名医生和 6000 万名病人）、Patient Fusion、HealthTap、Caring Bridge、Daily Strength；交友类网站 QQ 空间、人人网。

⑦ Xing（德国）、Multiply、Focus.com。

⑧ Flixster（电影）、Zorpia（音乐）、MyHeritage（族谱）。

⑨ Listography Live Journal（俄罗斯及其侨民群体）、Sonico（西班牙和葡萄牙侨民）。

⑩ BlackPlanet（非洲裔美国人）、AsianAve（亚裔美国人）。

⑪ 如针对青少年的社交网站 Habbo、Renne、WeeWorld。

⑫ Millat（穆斯林）、Muxlim（穆斯林）、Cross.tv（基督教徒）。

示并且反映了人类构成的多元性，使过去不可能的分类组合的生存方式成为可能。

一种指数在不断增长的交流方式给了这个虚拟世界以生命，我们刚刚勾勒出一个不完整的轮廓，但却足以表明这一广阔天地近似无边无际：每年交换的邮件达 117.48 万亿封，每天上谷歌搜索的申请达 18 亿次，每天在 YouTube 上观看视频的点击量达 30 亿次。

2014 年，社交网络已被在线使用频率最高的视频网络取代。2017 年，视频拍摄者预计将达到 20 亿人次。同年，互联网的浏览量将超过自屏幕出现以来历年累计的浏览量。这些统计数据说明网上交流的重要性。然而，它们并不完整，因为仅涉及西方大型企业提供的产品和服务。要得到一个更全面的观点，必须考虑到非西方企业，尤其是中国企业。在有关 Facebook 的数据中，必须加上 QQ 空间、朋友网、人人网和开心网的数据。在谷歌的数据中，应加上百度的 5 亿用户，该网站每天处理 12 亿条用户搜索申请。①而 YouTube 的数据也应加上优酷的 3.4 亿用户。最后，在涉及 eBay 的数据中，应加上淘宝的 2.42 亿网购者。

有 6000 万个网站致力于传统意义上的资讯。面对 Twitter 和 YouTube，各大新闻媒体严阵以待，一些通用型的专业频道层出不穷，如娱乐频道、时尚频道、音乐频道、电影频道和教育频道（为中等教育机构提供教育工具）。YouTube 教育提供了丰富的历

---

① 2012 年，百度不仅占有中国市场，还占有日本、东南亚、埃及、巴西和美国市场。

史、地理、自然科学和社会科学课程，它们将按数学和天文学频道的模式，集中在专题频道。全球教程的设想通过有效手段付诸实施。

最初，电脑只是充当整个供给和传递的中间人。由于移动端的快速发展，电脑的支配地位日益下降，接着移动端充当起网民之间的中间人角色，它还具有在屏幕与产品和服务间建立联系的功能。

手机进入市场已有40年，在20世纪，其增长速度一直十分缓慢。此后，手机用户超过70亿，其中12亿拥有智能手机。2012年，该领域的销售总额达17亿美元，是电脑销售额的5倍。1986年至2010年，中国、印度和非洲的手机销量分别达到12亿部、8亿部和5亿部。

2000年，全球手机用户为5亿；2005年，这一数字上升为22亿；2013年为68亿；2015年达到75亿[①]。智能手机由于功能繁多，如打电话、上网、照相、音乐播放及游戏等，已成为最受欢迎的终端。南亚和非洲大部分地区已经跨越电脑阶段，可以说上网是通过移动端进行的。[②]实际上，数千万网民或许从来就不认识台式电脑。今天，非洲有7亿部手机，其中2亿部是智能

---

① 研究与市场公司的报告《全球移动游戏、应用程序和社交网络：趋势和预测》，2012年10月。网址：http://www.researchandmarkets.com/reports/2318697/global_mobile_games_apps_and_social_networking。《信息通信技术：涉及信息通信技术的数据与数字》，《世界报》，日内瓦，国际电信联盟，2013年2月。网址：http://www.itu.int/en/ITU-D/Statistics/Documents/facts/ICTFactsFi-gures2013-f.pdf。

② 马丹莫罕·饶：《东南亚移动报告2012：创新的交叉路口》，陌陌，2012年，第5页。

手机（到 2020 年前，这一数字将达到 4 亿）。我们注意到，南亚也不甘示弱，这里的手机用户感到，有了这些功能，用起来得心应手。[1]2013 年，全球五大手机制造商中有四个是在亚洲（三星、联想、宇龙和 LG），其销量占该产品总销量的 70%，中国和印度的增长率分别达到 108% 和 129%。[2]

历史上从来没有一个符号和代码适用于如此众多的人口，至于他们住在哪，属于哪一种文化，讲何种语言，什么年龄或社会地位高低都无关紧要。从来没有一种交流方式被如此庞大的人群分享，这一人群已占到世界一半以上的人口。历史上，从未有过一个如此万能并能够迅速应用的工具，人类也从未有过如此广阔的空间，似乎能海纳百川，适应各种多样性并且让人类自我表现、自我发展并得到认可。这场大革命已不可逆转，其作用还未得到我们的广泛认识。这些能力是新数字人类的工具。

这些重要变革就发生在现实世界的古老空间，当然以后也会发生在一个昨天仍不存在、今天已举足轻重的空间——摆脱自然和历史羁绊的虚拟空间。数字技术的发展带来了一场世界性的变化。数以亿计的人日复一日、持之以恒地在这个新世界的现实部分和数字部分之间穿梭，目睹它成为人类日常生活的补充。

这一前所未有的定位对体现、领悟和治理世界，以及对精神世界将产生何种影响？人与人之间的交流方式、人类多元性的这种造就了历史文化的变化，将影响所有社会，有助于人们对世界

---

① 同第 48 页注 ②。

② 《中国前五大厂商占全球智能手机销量 20%》，《易观国际》2013 年 8 月 5 日。

的深入了解，让世界的表现形式不断更新。

这些重大进步涉及所有的大陆、所有的国家和所有的人。它表明，世界数字空间是人类科技长期探索的结果，从两千多年前巴比伦人发明"0"，到半个世纪前早期网络连接技术在美国的应用，这一结果肯定还未完成，但已彰显其重要性。近期，因其规模庞大而且来得迅速，显得极具戏剧性。

我们再列举几个数字。1957 年只有一颗人造卫星，而今天已有 3000 多颗，带来了空间运行和太空污染的问题。[1]人类已在世界的各个角落铺设了数百万公里的光缆和数百万个路由器。1990年，互联网用户为 1600 万，相当于全球人口的 0.4%，此后这一数字不断上升：2000 年达到 3 亿，即占全球人口的 5%；2013 年已达到 27 亿，占全球人口的 38.8%。用户达到第一个 10 亿用时15 年，达到第二个 10 亿用时 10 年，接近第三个 10 亿仅用时 5年。[2]50 年里，超过一半的人口进入了这个庞大的世界。

在技术终端方面也列举几个数字。个人电脑是在 20 世纪 70年代末进入市场的。2008 年，连接互联网的电脑为 12 亿台；2014 年，电脑及其替代设备（如平板电脑）接近 30 亿台；此外，还有 60 亿台电脑分布在企业、安全和运输机构、学校、医院和住宅。

如果说网络占领的疆土令人印象深刻，有待攻克的地域亦令人关注。实际上，网络渗透率在世界各地区的差异巨大：非洲为16%、亚洲为 27.5%（中国 42.3%，但印度只有 12.6%）、中东为

[1] 《空间污染问题：科学垃圾》，《经济学人》2010 年 8 月 21 日。
[2] 互联网世界数字，网址：http://www.internetworldstats.com/。

40%、拉美为 43%、欧洲为 63%、北美洲为 79%。然而，这种探险远未结束，它将引人入胜。世界将推动无线网络的普及化。因谷歌于 2013 年 6 月发射了"谷歌气球"，即便是在世界最偏远的地区，人们照样可以用上无线网络。未来的目标是：在非洲和南亚让超过 10 亿的人口使用移动屏幕，提高网速，设备小型化，将芯片植入人体，让数字技术进入人造器官（可连接与其有关的地点或人物、兴趣爱好、公众意见和交往者的详细档案），语音和面部识别的普及化以及语言翻译。2013 年，在拉斯维加斯举办的该领域嘉年华——国际消费电子产品展上，3000 余名参展商展出了 2 万多件新品。苹果和三星展区与中国领头羊华为、中兴展台相邻，后者参展是为吸引北美洲乃至全球市场。

有人说，数字入侵一直蠢蠢欲动，因为攻占最理想市场——全人类的目标仍未实现，还因为各类小型专业市场尚未开发。得益于爱立信和马士基的巨额投资，今后远海上网有了保证；机舱及其 31 亿乘客上网成为专业服务供应商之间激烈争夺的对象，这是一种吸引用户的庞大移动平台市场。而飘浮在非洲和南亚偏远地区上空的谷歌气球，也使当地居民能够上网。人们在寻找人烟，无论他们在哪儿，只要是在地球上，就能够进入全球数字社会。

让人类全面有效地进入网络的尝试成为一场史无前例的冒险。一直以来，世界性的乌托邦孕育着最持久的幻想，吸引着人类精神并受到大量哲学、法律和宗教体系的影响，它们将乌托邦视为终极目标，但因人类的物质和非物质过于分散而屡屡受挫。技术极是否能够通过创建一种万能系统（即全人类都能获得并领会）

来克服这种分散？能够提出这个问题即表明数字时代无所不及，我们在前面将其喻为史无前例的本质变化。

在接下来的部分，我们将探索因数字时代全面到来而发生深刻变化的两大人类活动领域：经济和人机共处。无论是前者还是后者，都展现了我们试图了解的这个新世界。

数字经济

2015 年，数字市场的规模已达到 13 万亿美元，包括物理基础设施建设和有助于移动性、电信系统、数据存储和处理场所的建设，以及互联网服务，如移动支付、电子商务和在线服务。虚拟经济还包括不断更新换代的电子产品销售，今天诞生的新一代终端将逐步失去光环，最终被性能更好的产品所取代。该市场不仅满足了现有 34 亿网民的需求，也将满足未来数亿新网民的需求。2012 年，这一庞大市场几乎被美国、欧洲和亚洲大部分地区瓜分。至于非洲和中东，仅占全球数字产品市场份额的 5%，处于末尾。

这种特殊经济涵盖了各种服务和新领域里日益丰富的产品。然而，有必要先提一下，虚拟世界研发、应用需要并将一直需要巨额投资。当然，也不应忘记系统大佬们（谷歌、苹果、Facebook、亚马逊、百度、优酷网、人人网）为应对竞争及增加其在市场的份额而纷纷加入其中。收购公司、扩大合作伙伴、上市、与政府谈判、开发产品和服务、企业促销：常年处于高压态势，摆出迎战的架势，相关预算令人咋舌。

　　全球在线商品交易面临着指数上涨。在著名的电子商务网站中，有亚马逊和 eBay（电子港湾）、淘宝网、京东商城、当当网和腾讯、乐天市场（日本）、奥托集团（德国）、森宝利超市（英国）、Flipkart 在线商城（印度）和 Cdiscount（法国），当然还有其他数千家。网上销售的产品种类[①]和销售总量不断增长。2012年，在线交易总额达到 1.3 万亿美元，通过便携式终端支付的金额达 2350 亿美元。我们预计，到 2020 年，电子商务的年增长率为15%。届时，在线商务交易额可能达到 3 万亿美元。中国的电子商务在世界上处于领先地位，世界各地区也都呈现出强劲增长的态势。有趣的是，一段时间以来，人们注意到团购的出现，他们利用人多势众，在虚拟市场进行价格谈判。电子商务的这种增长尤其解释了广告、实体经济正迅速且大规模地转向虚拟经济。2014年，虚拟经济已吸走了全球广告市场 5000 亿美元中的 25.3%。到2020 年，这一比例估计可能上升至 40%。

　　虚拟时代数十亿网民产生了数十亿个数据，形成了一个海量资料库，它有助于分析网民的行为、需求和偏爱。到 21 世纪中期，这些网民将占世界人口的一半。这些数据成为一种资源，它与原始资料几乎没有差别。得益于这种预测工具，实体经济在了解市场各个环节、产品和服务的市场反应以及有针对性的广告投放形式和内容等方面，具备的分析能力和介入基础是前所未有的。然而，全球个人数据库的使用问题已摆在面前，因为它可以勾勒出任何

———————————

① 2013 年，法国政府允许 4000 种药品在网上销售。

个人和团体的详细特征，而使用数据库的认可形式常常是不透明的。数字时代的法律制度亟待建立，数字文明教育亦不可或缺。

各国政府对这种天赐礼物表现出极大兴趣，在它们看来，这个涵盖各类交易的空间就是网络。2013 年，美国政府仅对数字产品征收的销售税就达到 7.5%。2014 年，法国政府提出设立一种连接网络的终端税种。然而，对互联网及其催生的这个世界应进行规范管理，在现实世界里确定个人、公司、协会和集体权利与义务。[1]一代代人付出了巨大的努力，以明确权利状况、确定权利并将个人权利纳入其中，成为一种无法回避的参照，并将延用到虚拟世界。目的是要保证这个新世界不会沦为目无法纪者破坏社会凝聚力的乐园。

这种突变对经济的影响十分重大。它影响着生产、流通和交易方式，影响着生产商、供应商和消费者之间的关系，还影响着产品投放市场和促销的方式。简而言之，虚拟经济搞乱了经济体系的要素。正如我们前面观察到的一样，数以亿计的消费者正在或即将从实体经济转向虚拟经济，这一变化加剧了经济动荡。新经济的胃口巨大，创造新经济的人们则雄心勃勃。该领域亦然，数字入侵呼之欲出，因为争夺最理想市场（即全人类）的战斗一直未结束。然而，它正在步步逼近，正如下面文化经济案例表明的那样。

在美国，全球第三大图书经销商鲍德斯集团已申请破产，而

---

① 皮埃尔·莱斯屈尔：《数字时代对文化政策的贡献》，巴黎，《法国文献》，2013 年。

该国头号新闻周刊时代华纳集团因广告市场一泻千里，已经从该领域抽身。在法国，文化产品顶尖品牌——维珍集团因营业额持续下滑而宣布破产，2008 年其营业额达到 4 亿欧元，2012 年这一数字下降至 2.5 亿欧元。此类情况不胜枚举，尤其归因于文化产品日益上升的非物质化、消费者的行为变化以及大集团公司（如亚马逊）采用极具攻击力的价格。在法国，以物质为载体的音乐 2006 年销售额达到 13 亿欧元，2011 年这一销售额只有 4 亿欧元。2012 年，以物质为载体的图书、音乐和电影销售分别下降 5%、14% 和 9%，尤其是电影，已连续 10 年下降。法国《解放报》用"葬礼进行曲"[1]来形容这种现象。

或许应该讲一讲必不可少的再创新和商务活动向虚拟世界的转移，这种转变既无法逆转又日渐普遍。全球第三大广告和传播集团——阳狮集团在数字领域投资 20 亿美元收购美国公司狄杰斯（互动营销）和罗赛塔（数字广告），创建自己的研究中心 Nerve Center，通过此举实现了这种转移。

卷走维珍集团及其象征性大型商场的旋风，是向营销世界和文化世界发出的一个警告。

数字领域的竞争

数字领域已成为技术、经济和地缘政治争夺异常激烈的对象，

① 里斯多夫·阿利克斯：《大型商场的葬礼进行曲》，《解放报》2013 年 1 月 7 日。

这是一场旷日持久且凶猛的竞争。首先是研发、设备、功能、外观和价格；其次是品牌的战略定位，赢得承销商及其忠诚度；最后是进入全球市场，它将成为未来数十年艰难谈判的内容。

赌注十分诱人：34 亿互联网用户。未来 5 年，这一数字很可能再增加 15 亿；目前的终端已达到 11.7 万亿，各种类型的终端设备将继续增加；75 亿部普通手机将被智能手机或其他类似平台取代。为了能在现有和未来的互联网广告中分一杯羹，一场激烈的竞争即将展开。

其中的一些战役将在数字技术生产大国内部展开而不仅仅是在美国，发明社交网络平台的 Facebook 和提供信息入口的谷歌之间的游击持久战将长期成为专栏话题。然而，如何将这两种服务融合起来？[①]

对 Facebook 来说，如何用搜索能力来为网络增色？对谷歌来说，如何利用网络力量来为搜索增色？创建"谷歌 +"模式就是朝这一方向迈进。一些人认为，这是一种天才的发明，另一些人则认为，这是 Facebook 的克隆版，在一场为吸引数亿会员、在一直有利于 Facebook 的广告市场夺得数亿美元的无情战役中，"谷歌 +"模式代表着一个意味深长的阶段。在中国，中国国家通讯社——新华社已与中国移动联手，目的是和可与谷歌相提并论的强大搜索引擎——百度公司竞争，该公司控制着全球互联网用户最大市场的 70%。在中国，电子商务领域的竞争同样无处不在，

---

① 格尔·赫尔夫特、杰西·姆佩尔：《Facebook vs 谷歌：网络的未来之战》，《财富》2011 年 11 月 29 日。

残酷无情，一些大型集团公司如阿里巴巴、京东、当当网和腾讯正在互相较量。

另一些战役则在巨大的全球空间中进行，一场为占领市场的大规模厮杀已全面展开。美国企业谷歌和 eBay 以及日本乐天全球商城入驻欧洲空间并展开活动便是例证。韩国巨人三星、美国巨人苹果、索尼手机、诺基亚和 RIM 之间的竞争同样激烈。全球智能手机市场可能成为 21 世纪最重要、利润最大的市场。至少在欧洲还不太驰名的中国联想、中兴、华为和小米占据着庞大的国内市场，并且在非洲、拉美和南亚获得了重大突破。2005 年，联想收购了 IBM 集团的电脑公司，并将公司的第二个办公处设在美国北卡罗来纳州，作为其在北京机构的补充，目前它的电脑生产已位居全球第一，智能手机和平板电脑排名第三，仅次于三星和苹果。

这些技术工具的制造国政府通过补贴收购、税务优惠和对进口技术产品进行审查等手段保护本国市场。如果说方式在变化，方向却是一致的。"购买中国货""购买印度货"和"购买美国货"的提法均在于保护和提升国家的研发能力，并在世界大市场上分得一杯羹。迄今为止，该领域里中美企业之间的协作十分艰难，甚至不可能。美国的电子商务大型平台雅虎和中国阿里巴巴曾经"联姻"，在经历了 7 年的无果"婚姻"后以分手告终。

到最后，网络的世界大战将在美国和中国之间展开。这将是一场世纪大战，涉及虚拟空间绝无仅有的两个真正大国。在这个空间，俄罗斯虽踌躇满志，却不太可能在其疆域以外实现地缘政治意图。

至于印度，费尽周折地在它的整个领土上扩大数字时代的红利，建立大型网络，除主要满足科研需要外，还要满足本国人民和庞大移民群体的需要。它没能像中国那样，成功发展一个比较像样的工业，以制造供应国内庞大市场的信息设备。它与国际制造商，尤其是美国和中国制造商抗争，让它们离开其国土，旨在培育自己的生产领域。正如我们前面所说，其国内市场的覆盖率十分低，因此和非洲大陆一样，成为世界上最重要的潜在市场。不管怎样说，印度对信息技术领域的支持并非无足轻重，它的某些顾问公司具有名副其实的国际影响，在软件制造方面，其竞争地位是牢不可破的。

欧洲虽然加强磋商并且增加了开发计划，但未能成为通信和信息技术领域的重要一极。总的来说，它正在成为一个附属领地，一个美国企业正在占领的市场。其他一些国家，如韩国和日本，对数字文明做出了真正的贡献，并从中获取地缘政治利益。

到 21 世纪中期，作为大西洋数字大国的美国和正在成为亚洲数字大国的中国，将维持它们对全球数字空间的统治以及产品和服务的供给。它们的国内市场彼此几乎关闭，不可否认的是，它们都想在全球市场上获取尽可能大的份额。对美国来说，它的 2.8 亿网民已将国内市场围得水泄不通，必然要对外扩张。对中国来说，则要进行国内外的双重扩张。中国拥有 6.75 亿网民，这意味着近 50% 的国内市场，其要做的就是获取剩下的一半市场，并继续攻占亚洲市场。美国拥有时间和语言优势，中国则受益于一个庞大的行动基础，它拥有 10 多亿潜在的国内网民和强大的移民群，加之还有分居在非洲和拉美的侨民。这一战役将是政治的、经济的和技术的，也是全球性的。

对中国来说，语言障碍似乎并非像它显现的那么大。一方面，全世界学习汉语的人数在增加；另一方面，中国用其他语言提供的信息服务与日俱增，而且机器的语言技能也在不断提升。

品牌的问题十分重要。美国大型服务和商品集团坐享其不容置疑的知名度，但今后，它们将与亚洲公司共享市场，如三星（韩国）、乐天全球商城（日本），以及腾讯和阿里巴巴（中国），它们在全球市场，包括欧洲市场获得了可观的份额。归根到底，竞争将是全球性的，并使提供相似服务的两个阵营的巨人变为竞争对手，如 Pinterest（拼趣图片）与美丽说、eBay 与淘宝网、亚马逊与当当网、YouTube 与优酷、谷歌与百度。

中国想获取美国市场的雄心和美国想获取中国市场的欲望均十分强烈。但各自边界固若金汤，各种渗透企图无果而终。对美国公司来说，在中国通过互联网提供服务障碍重重：获得许可在网上注册域名，再获取另一许可从事销售活动；掌握各省彼此不同的条例；最后是认识中国网民市场，这是一个既庞大，每个地区又各不相同的市场。此外，中国政府对希望将其服务延伸到中国网民的外国公司规定了严格条件。这些条件涉及自由传播、自由进入网络提供的任何产品、舆论和服务。网络电话 Skype（超清晰的即时通信软件）及其香港合作伙伴 TOM 在线（24 小时提供全面及时的中文资讯）最终对中国政府的要求做出了让步，同意过滤某些敏感词。对中国公司来说，向美国提供服务则是一个难以实现的目标，因为美国国会高度警觉并保护着国内企业。[①]

人工智能

如果只字不提智能机器及其指数增长，以及由此产生并成为这个新时代最重要成果之一的人机共处，我们将很难理解数字时代及其创建的文明。

由森政弘[②]于 20 世纪 60 年代在日本启动、在 70 年代创建理论的自动化工程一度受到冷遇，此后机器人不断进入生产场所，"自动化国家"不断增加。2013 年，日本、德国和美国分别统计，汽车行业以外领域，每万名工人分别有 1435 台、1130 台和 1100台工业机器人。同年，汽车行业每万名劳工的机器人数量在日本为 1430 台，意大利为 1220 台，德国为 1120 台，美国为 1100 台。

未来 20 年，在位的智能机器数量将翻一番。无论是现在还是将来，智能机器的大量进入意义非凡，因为机器人除了执行重复使命，现在还具备完成非重复性使命[③]和多种使命的功能，而且这类机器经过重新编程后可用于其他领域。

根据国际机器人联合会的预测，中国将成为全球第一大机器

① 迈克·罗杰斯、达切·鲁佩茨贝格：《就中国电信公司华为和中兴提出的美国国家安全问题的调查报告》，华盛顿，美国国会众议院，2012 年 10 月。

② 森政弘：《恐怖谷》，东京能源出版社，1970 年。

③ 埃里克·布林约尔松、安德烈·麦卡菲：《与机器赛跑：数字革命如何加速创新、提高生产力以及不可逆转地改变就业和经济》，波士顿，麻省理工学院出版社，2011 年。

人市场，年增长率将超过 50%。① 该领域最著名的企业，尤其是
发那科（日本）、库卡和西门子（德国），以及罗克韦尔自动化有
限公司（美国）正在向中国转移。瑞士 ABB 集团已选择上海作为
公司总部以及汽车和电子领域机器人系统的生产基地。

富士康科技集团

林米洛在中国最重要的 iPad 和 iPhone 生产商——富士康科
技集团工作，该公司拥有 140 万名员工，他们分别在太原和郑州
等厂区工作。2012 年年末，他说公司领导已经宣布，未来 3 年将
购买 100 万台机器人。为了对这一决定做出解释，公司表示是为
了提高生产率，因为机器人可以每天 24 小时不间断工作，除非程
序未编入此要求。公司还提到了必不可少的快捷性和准确性（机
器人在这方面的能力均超越人类）、大幅降低成本以及不依靠社会
因素的生产可持续性。谈到社会因素时，有人提到了企业员工的
自杀现象。②

新一代机器人更加灵活，拥有视觉和触觉识别能力，比目前
在重工业领域使用的大多数机器人要先进很多，它们将占领生产
场所并"在全球取代生产和发货两个领域的员工"③。大型工业集
团和销售集团今后计划发展它们目前的装备或根据机器人的潜能，

---

① 德克斯特·罗伯茨：《机器人进军中国工厂》，《彭博商业周刊》2012 年 11 月 29
　日。
② 若尔丹·普耶：《中国的苹果生活》，《外交世界》2012 年 6 月。
③ 约翰·马可夫：《熟练工作，没有工人》，《纽约时报》2012 年 8 月。

给它们配备新设备。在销售方面，如果由机器人装载商品或卸货，估计可节省 80% 的时间。

有的人甚至预测，机器人的普遍使用将对工厂的当地化产生重大冲击，它可能设在离消费者更近的地方，更快地提供服务，同时降低搬运和运输成本。从现在到 21 世纪中期，这些前景可能改变全球的工业格局，主要是因为亚洲市场拥有全球第一大消费市场的优势，未来几十年非洲市场将迅速发展。①需要提醒的是，到 21 世纪中期，全球近 80% 的人口将生活在纳尔逊·曼德拉和邓小平曾生活过的大陆！

毫无疑问，智能机器并未像空想家们早先预测的那样控制世界。然而，这方面取得的明显进步表明了机器人在管理能力、战略敏锐性以及评估、选择和决策等方面的本领。②有些机器人具备多种能力，还有些机器人可以在突发情况下做出极具表达力的反应。这些特点迅速得到开发，它们在知识和技术领域，在国防、农业、医疗和保养服务等诸多领域的应用持续上升。无人机是穿梭天空的无人攻击飞机，自动行驶的高速列车在欧洲和亚洲的大城市间穿行。谷歌公司发明的一款自动汽车 2012 年在美国内华达州获准上路。谷歌公司加快了对该领域专业科研公司的控股，亚马逊公司则考虑使用无人机送货上门。今后，汽车将与通信和卫

---

① 彼得·马什：《新的工业革命：消费者、全球化与大规模生产的终结》，伦敦，耶鲁大学出版社，2012 年。

② 杰姆斯·马尼亚卡等：《颠覆性技术：技术进步将改变生活、商业和全球经济的发展》，麦肯锡公司，2013 年。

星识别系统连接。机器人正在入侵手术室和医生办公室、法律事务所、建筑师和工程师事务所，以及高等知识机构和学府，因为屏幕提供的互动教育获得了巨大的发展，[1]有人甚至宣告"阶梯教室授课正迈向死亡"[2]。

人工智能的入侵同样影响着知识产业和与其有关的文化产业，包括建筑师、设计师、美术图案设计师、出版商和插图画家的职业活动。[3]例如，导入软件和算法应用，使自动书写成为可能，尤其是其具备了下载原始数据并分类成文本结构的功能，还可用于编辑事件报告。

这些高效人工智能亦进入到我们的日常生活。在家中，在汽车和企业里，我们身边的微型智能系统随处可见。它们收集与我们生活方式相关的数据并相互传递。到2020年，这些与互联网连接的系统将达到500亿个。[4]因此，我们身边各类系统中的智能部分将得到释放，成为我们这个世界的一个组成部分[5]。

该领域的专家宣称，人工智慧的入侵将改变全球企业和经济、社会生活和社会组织。自工业革命以来，人机共处在不断丰富。尽管如此，在大量活动中，人类的干预优势和排他性仍完好无损：

① 《智能机时代》，《经济学人》2013年5月25日。
② 《全球23亿网民》，《世界报》2012年10月11日。
③ 西里尔·弗兰克：《记者们，尽情享受吧，机器偷走了我们的工作》，《媒介文化》2013年6月24日。
④ 杰西·海姆佩尔：《2022年的热门技术活：数据科学家》，美国有线电视财经新闻网2012年1月6日。
⑤ 比尔·瓦西克：《欢迎来到可编程的世界》，《连线》2013年6月。

人类的推理和逻辑能力以及对系统、器械及其用途的掌控永远都是无法取代的。

数字时代开启了人机之间的新型共处关系。现在，人类必须与机器共享优势。这种分享加上机器间的一种新型关系，其效益是空前的。谷歌公司2012年创建的第一个人造大脑被视为向人工智能方面迈出的巨大步伐。它成为或许是我们期待已久、引人关注的发明先兆。该信息大脑含有1.6万个处理器，识别物体形态和人脸的成功率分别达到74%和82%。

莱斯机器人

2013年，经美国艺术家安妮·德伦筹划并在拉维莱特公园进行推介，两台电脑通过一男一女两种人造声音，彼此间进行了一段长长的对话，表明机器人正在史无前例地分享着人类的优势。这两部电脑能够容纳8700万种不同对话，进行了特殊的、合乎逻辑的、重复的且毫无意义的言语交流。在旁边的一台机器中，人们可以听到另一段对话录音，它是在米歇尔·福柯和诺姆·乔姆斯基两人之间进行的。这两种对话有何异同呢？一个是在两台机器人之间，一个是在20世纪两个伟人之间。德伦没有进行任何类比，也没想指出机器人的对话是对人类对话的一种反驳。然而，她却展示出了人与人交谈的困难以及设定程序交谈的明显优势。

人机之间的这种新型共处关系推动了机器人进入一个迄今为止只限于人类的世界，尤其是广阔的伦理领域。此外，有必要提出智能系统和"自我管理"设计者的责任问题，它涉及智能系统和"自我管理"的行为和选择，包括可能产生违规的行为和选择，还应思考这些行为和选择的根基。《经济学人》杂志在社论版谈及这些话题时，支持"工程师、伦理学家、法律专家和能提出各类标准及规则的安全当局之间进行一次更广泛的合作。工程师和伦理学家将在此类合作中受益，伦理学家无疑将使其研究领域深入到对机器的建议中，而工程师将通过表明自己并不满足于走伦理捷径来让社会放心"①。

这种共处还提出了企业（尤其是涉及上网的上亿台设备生产的社会条件，涉及元器件、进入市场、运输，最后还有废弃后如何处置）以及消费者的社会责任和环境责任等重要问题。

无论是现在还是将来，人类高仿真机器的涌现似乎不容置疑，它也是 21 世纪的特征之一。

瓦加杜古国际手工艺品展

这个地方有一排排作坊和大花园，其建筑风格既有古典韵味又不乏现代色彩，十分漂亮。每隔两年，瓦加杜古国际手工艺品展都会在这里举行，它汇聚了全球最出色的工匠并向国际买家提供各种手工艺品：纺织品、皮革、木头、铜、白银和黄金工艺品。在第一栋楼的拐角处，一名年轻工匠占的地方比其他人的都大。他在这里制作并展示用回收材料制作的各种人物：运动员、音乐家以及其他专业人士，还有许多可爱的机器人，它们比旁边的人

---

① 《道德与机器》，《经济学人》2012 年 6 月 2 日。

物造型要大。在作坊尽头的一张矮桌上，一件作品吸引了大家的眼球。它展示的是一个机器人正在帮另一个机器人生产一个……小机器人！

世界的其他变化

如果说财富从西半球向东半球转移以及数字文明的突现使我们进入到一个新的世界，未来数十年，正在发生的人口变化、正在加速的城市化以及日益增长的人类流动影响或将影响全球的公共空间，它们对文化的冲击是显而易见的，因此，将它们纳入到我们对当前世界的研究似乎是必要的。

90 多亿人口

到 2050 年前后，全球人口将达到 90 多亿，而 2010 年只有约 69 亿。此外，78.9% 的人口将生活在亚洲（55.3%）和非洲（23.6%），一个世纪前这两个大陆的人口只占全球人口的 65%；20.5% 的人口将生活在美洲和欧洲，包括俄联邦（7.7%），而 20 世纪上述两个大陆的人口占全球人口的 30%[①]。

---

① 到 2050 年，全球人口最多的 9 个国家为印度（17 亿）、中国（13 亿）、美国（4.23 亿）、尼日利亚（4.02 亿）、印尼（3.13 亿）、巴基斯坦（2.9 亿）、巴西（2.6 亿）、孟加拉国（2.5 亿）和菲律宾（1.75 亿）。

全球人口的预期增长几乎也是分布在亚洲和非洲，这两大洲将分别增长 10 亿和 12 亿人口。这一变化对亚洲来说意味着 20% 的增长，对非洲则意味着超过 100% 的增长，即从 10 亿人口增长到 21 亿人口。届时，全球四分之一的人口将是非洲人。富有戏剧性的是，这一跳跃将使非洲成为世界上最年轻的大陆，因为超过 10 亿的人口年龄不到 20 岁，非洲将成为唯一可就业人口不断增长的大陆。

全球人口的这种变化将对年龄金字塔产生后果。老龄化将出现在美洲，在亚洲加速，欧洲则以老年人为主。[①]如果说 2010 年全球超过 60 岁的人口为 7 亿，即占人口的九分之一，到 2050 年，老龄人口将达到 19 亿，即占全球总人口的五分之一。[②]

不同年龄人群在全球各地区的新分布，将对经济、社会和文化产生的后果远非我们所能知。世界上的年轻人在期待一个怎样的未来？到 21 世纪中期，他们的人数可能达到 30 亿。今天，全球有 3 亿年龄在 15 岁至 24 岁的年轻人没有工作。令人不安的是，未来数十年，这一数字可能大幅增加，因为这一年龄组要增添 10 多亿新成员。这些统计数据让我们隐约感到社会的需求极其庞大，它将迫使经济发展和社会发展同行。

---

① 2050 年，亚洲人口将达到 53 亿，非洲为 23 亿，南美洲和加勒比地区为 7.5 亿，欧洲为 7.19 亿，北美洲为 4.46 亿，大洋洲为 5500 万。印度人口将达到 17 亿（占全球人口的 18%，将成为世界第一人口大国），紧跟其后的是中国，其人口将达到 13 亿（占全球人口的 13%）。

② 联合国：《21 世纪在老化：一种胜利与一种挑战》，纽约，联合国人口基金和国际助老会，2012 年。

每个地区都应学会管控人口增长或负增长。欧洲和美洲应鼓励移民，以减缓其人口负增长。至于亚洲和非洲，它们必须找到能适应其人口增长的政治、经济和社会模式。对亚洲来说，人口是快速增长；对非洲来说，堪称飞速增长。

在上述两大洲，无论是现在还是将来，投资需求都将是巨大的：城市改造、住房、医疗、公共卫生、教育和陆海空运输领域里的基础设施、各类供给系统、就业市场的培育和与安全有关的设施。这些需求涉及上述两大洲现有的 45 亿人口。到 2050 年，这一数字将上升到 76 亿。

非洲必须面对的挑战十分艰巨。该大陆是"全球化的新边界"，并已进入到一个增长阶段，这是不争的事实。非洲人应确保其人口增长（平均每年 2.5%）不超过经济增长，否则，"游手好闲和未受教育的人口将增长过快，城市化进程也会过快，潜在的流动人口过剩，难以消化"[1]。非洲人口成为 21 世纪初最重大的问题。它首先涉及非洲人自己，然而在这个互联互通的世界，某些人的问题也将是所有人的问题。

正在出现的人口增长和到 21 世纪中期 90 多亿地球人口的分布将对大国关系（全球治理、国际机构的使命和职能、经济发展、生态平衡和集体安全）的变化产生深远影响。[2]印度将是世界上人口最多的国家，中国将是第一大经济体，非洲将拥有 20 多亿人

---

[1] 贝希尔·本·雅迈德：《非洲人的孩子太多》，《青年非洲》第 2728 期，2013 年 4 月 27 日。

[2] 张维为：《中国震撼：一个文明型国家的崛起》，上海人民出版社，2011 年。

口。曼德拉和甘地曾生活过的大陆将聚集全球 80% 的人口，因此全球市场将集中在这里。世界的这种沸腾景象也将出现在虚拟世界，在现实世界里以互动方式进行活动。

说到人口变化，德国前总理施密特曾断言："30 年后，世界的人口将达到 90 亿，而欧洲人只占 7%。我们都将微不足道，无论是法国还是德国，都不能占到世界人口的 1%。"在将 21 世纪比喻为"亚洲世纪"后，作为亚洲最具影响力的思想家之一，马凯硕提醒西方决策者们牢记世界的变化并让自己去适应它们，因为"我们大家一起进入到了历史的一个动荡期"①。

欧洲的文明与亚洲的世纪，如何确保前者能够幸存下来并承认后者？当亚洲的经济大国与人口大国结合起来并催生出全球最大的消费市场时，双方将产生何种影响呢？

"侨民"群体不是新鲜事，但与联手催生新世界两大变化，即财富转移和数字时代全面到来相比，将是影响世界新网络里一个重要的环节。侨民群体过去是、现在是、将来仍是在世界展示民族雄心的工具，也是实现国家雄心的投资工具。非洲视其侨民群体为第 55 个国家。②新兴大国，尤其是中国、印度和巴西，知道如何从这些旅居全球各地的侨民群体中受益。

因此，在经济重建的第一阶段，甚至接下来的阶段，中国庞大而强有力的侨民群体对该国新工业领域的腾飞在资金上做出了

---

① 马凯硕：《针对西方的案例》，《外交》2008 年 5 ~ 6 月号。
② 艾德·索兰克：《海外移民对非洲创造经济的贡献是什么》，内罗毕，网络会议文稿，2011 年 12 月。

决定性贡献。在一项有关中国侨民对大陆投资的研究中，经济学家艾伦·斯马特和徐进钰总结说："20 世纪 90 年代，外部直接投资的最重要资金源来自境外华人：香港、澳门、台湾、东南亚和世界其他地区……其中有相当部分来自台湾。"①这在当时属于一种"模糊战略"，今天已成为一种经济相互依存的战略，无论是贸易还是投资，大陆和台湾之间均成规模。台湾在大陆的投资项目估计达 7.3 万个。就像我们即将看到的那样，中国电信已从旅居东南亚华侨的持续支持中受益，使其业务在该地区迅速展开。世界银行与中国代表就中国现在至 2030 年的发展展开了一场引人入胜的对话，其中尤其提到了中国"旅居全球"的庞大侨民群体。

印度著名作家阿米塔夫·戈什发现了用来描述大众情感的词语："我发现，'印度特色'最有趣的事情恰恰是并非所有印度人都生活在同一处。印度民族已被大量侨民群体所取代。"2008 年 1月 18 日出版的《世界报》发表了一篇题为《印度侨民，一种让人想入非非的成功》的文章，论述了印度侨民的投资和技术转移有利于该国的经济发展。有人估计，该国 10% 的国外直接投资来自印度侨民。

以上两例是从众多例子中挑选出来的。因此，巴西对选择生

---

① 艾伦·斯马特、徐进钰：《中国侨民、外来投资和中国经济发展》，《国际事务评论》第 3 卷第 4 期，2004 年夏季。网址：http://lab.geog.ntu.edu.tw/lab/r401/Publications/The%20Chinese%20Diaspora,%20Foreign%20Investment,%20and%20Economic%20Development%20in%20China.pdf。

活在非洲大陆的巴西裔（包括已重返故乡的昔日奴隶）进行了一次详细普查，旨在为其亲非政策（包括巴西实业公司打入非洲）编织一张接待和支撑网。

在联合国的 193 个会员国中，有超过半数的国家接受双重国籍，而这一数字呈持续增长态势。某些国家，包括日本、俄罗斯和中国，正在为其国外侨民归来提供便利。简而言之，越来越多的国家在拉近与其侨民的关系，此举被认为是侨民技术和文化资产输入之路，是国家在世界的辐射力和影响力的象征。它们在那里投入巨资，为侨民开设专门机构，如印度侨民高级理事会定期举办世界侨民大会，印度的"海外印度提婆"便是其中一例。为顺应数字时代潮流，印度还创建了服务侨民的网站。中国媒体新浪网无疑优先考虑中华人民共和国公民，但同样考虑到了全球华人，而网站 Sonico.com 则针对西班牙和葡萄牙侨民。

许多国家将自己的文化传播到世界（我们将在下一章中进行分析，具体表现为创建文化中心网络、建立面向全球的电台和电视台网络、培育大型展览圈），有利于密切与侨民之间的联系。

近 70 亿城市人口

由于城市化的加速，人口变化主要体现在全球的城市空间，到 21 世纪中期，全球三分之二的人口（约 62 亿）将生活在城市，他们占全球人数的比例已从 1970 年的 33%，上升到 2007 年的

50%，2050 年这一比例将达到 66%。^①

从现在到 21 世纪中期，两种相反的变化将改变城市面貌。一方面，在全球人口负增长地区，尤其是欧洲，如英国、德国、意大利和俄罗斯等国的一些城市已出现人口下降，在这些地区，经济增速或放缓，或维护现状，或衰退；另一方面，我们会发现，亚洲和非洲的城市人口将出现戏剧性增加。在亚洲，城市人口将从 2010 年的 41% 上升到 2050 年的 63%，即城市人口增加 19 亿，而非洲的城市人口将从 2010 年的 39% 上升到 2050 年的 60%，这意味着非洲的城市人口将增加 7.5 亿。因此，不可能不强调经济增长和人口增长之间的全球融合，这是 21 世纪初的礼物！

1990 年，全球只有 15 个城市的人口超过 100 万。到 2000 年，这一数字超过 400 个，其中 250 个在中国，50 个在印度。到 2050 年，百万人口以上的城市将超过 600 个。城市的增长速度超乎想象。在离北京 150 公里的天津，其人口已从 1995 年的 942 万增长到 2010 年的 1299 万。超过众多国家人口和 GDP 的城市不断增加，上海就是其中一个，该市拥有 2500 万人口，其生产总值估计在 3470 亿美元上下。有人将这种城市空间的崛起喻为"全球超大城市群岛的到来"^②。

我们尤其想到了连接里约热内卢与圣保罗、东京与大阪的走廊，连接波士顿与华盛顿的波士顿 – 华盛顿，连接洛杉矶和蒂华纳的城市走廊，大上海，由阿姆斯特丹、鹿特丹和乌德勒支组成

---

① 有关城市发展的信息摘自联合国人居署的各种出版物。
② 奥利维尔·多尔菲斯:《全球化》，巴黎，《国家政治学基金会新闻公报》，1997 年。

的城市群，以及中国的 13 个城市巨无霸，到 2030 年，这些城市的人口都将超过 1000 万。

这些超大城市群，我们能够预见什么样的社会和文化结构，什么样的建筑和环境？ 2012 年获普利兹克建筑奖（该领域的最高奖项）的中国著名建筑师王澍，建议尊重传统结构的建筑，采用现有材料，保留原来外形和直通大型广场的狭窄街道，而非围绕城市中心，建设与自然没有任何关联的单调宿舍。他在思考："建筑师们不能仅仅把自己当作技术员，还应有更长远的目光，更深层的思考，表达更清晰的价值和信念。在一个充满大型人工建筑的世界里，中国传统的城市设计该何去何从？"①王澍在中国以及亚洲的影响力不可小觑。

全球人口增长主要涉及亚洲和非洲大陆的城市。未来 30 年，它们将迎来 27 亿新人口，也就是说，相当于美国和欧盟人口总和的 3 倍。有人说，从现在到 21 世纪中期，非洲的城市人口会翻番并将失控。然而，许多例子（如尼日利亚的拉各斯、哥伦比亚的麦德林、印度的钦奈和海德拉巴）证明，恢复活力是可能的，大城市只要拥有一定的资源，就可以完成国家层面无法完成的创举。②

在亚洲和非洲的特大城市中，物质和非物质生活条件以及大

---

① 马里斯·昆顿：《王澍：有倾向的建筑师》，《美好生活》2012 年 9 ~ 10 月期，第 60 页。
② 塞思·D. 卡普兰：《是什么让拉各斯成为一座典范城市》，《纽约时报》2014 年 1 月 8 日。

多数社会和文化政策将会再创新。对这些人口众多、面积有限的人文社区应创建何种管理模式？采取何种政体才能既保证集体和个人安全，又保证团体和个人的自主性和社会凝聚力？何种制度能够保证如此规模的社区所需？包括提供社会福利（如住宅、通信、交通、医疗和教育）、能源和环境资源、设施和物质福利（尤其是食品）。最后，在这个常住性和流动性并存、现实世界和虚拟世界相依的巨大城市群岛，文化及其创作和传播处于何种位置？

文化和娱乐将与世界建立起一种关联，届时它几乎可以随时随地在移动端屏幕上进行体验和评价。在这些新生代城市和直立式住宅里，文化传承本身和全球文化投入之间是否会有一种融合？[①] 在移动端屏幕组成的数以十亿计的小小发光面上，人们会从世界及其强盛和脆弱中看到什么呢？它就像是第三只眼睛，从此固定在我们的身上和精神中。其他类似疑问接二连三，尤其是管理世界三分之二人口的生活空间所必不可少的知识更新，到2050年，这一人口数字将超过60亿，几乎是1950年世界人口的3倍。

非洲大陆是全球人口增长最快的地区。如果说2010年该大陆的城市人口是3.95亿，到2050年这一数字将达到11亿，即目前城市人口的3倍。到2020年，拉各斯、金沙萨和开罗的城市人口将分别达到1240万、1270万和1250万。显然，2010年至2020

---

① 阿内·布勒塔尼奥勒、雷诺·勒·古瓦、塞利娜·瓦克希亚尼－马尔居佐：《大都市与全球化》，巴黎，《法国文献》，2011年。

年，刚果民主共和国首都将接纳 400 万新居民；拉各斯是 350 万，罗安达是 230 万；达累斯萨拉姆、内罗毕、瓦加杜古、开罗、阿比让、卡诺和亚的斯亚贝巴将分别增加 100 万人口。此类预测极富戏剧性：例如，布基纳法索首都的居民将增长 81%，从近 200 万增加到 340 万。

大家都能想象亚洲和非洲的这种城市增速将带来的需求规模，因为城市化进程速度快过生活条件（尤其是居住条件）的改善。2012 年，超过 8.5 亿人口居住在发展中国家的简陋房屋里。由于整个需求旺盛，与政治、资金、社会和文化管理相关的需求显得尤为重要。需要采取什么样的政策才能使这种增长获得成功？在公共权力与私人活动之间采取何种结合方式？面对这些重大问题，应采取什么样的观点？

在普华永道研究室选择并进行分析[1]的 25 个全球最具吸引力的城市中，有 11 个是亚洲城市，非洲只有一个。

一个流动的世界

流动性现在是、将来仍是我们这个时代最重要的元素。当然，它并非最近的事，人类一直是道路的建设者，无论是地面的，还是海上或空中的。然而，流动性在我们这个世纪达到了前所未有的规模，尤其是因为数字时代释放的技术能力和开辟的近似无限

---

① 《愿景：城市的活力》，《哈佛商业评论》2012 年 12 月。

制的线路。

未来 30 年，将有 20 亿人口出生，主要集中在亚洲和非洲，两个大陆的优势最终将体现在世界事务中。到 21 世纪中期，亚洲和非洲将生活着全球近 80% 的人口。在这两个大陆，同等数量的人口将离开农村前往城市，25% 的亚洲人口和 50% 的非洲人口一直以耕作为生，而欧洲只有 2%、美国只有 0.7% 的人口从事农业生产。

大西洋地区的人口需求、气候变化[①]、各种危机和经济变化将有利于这种人口转移。根据各种逻辑关系，移民潮将此起彼伏。所以，欧盟内部移民将会增长（2012 年为 12%），在这个古老的世界中心，由于人口需求日益迫切，它迎来的移民人数将不断上升。种族主义思潮和后法西斯时代的激进运动曾在这块古老大陆上毒害过言论和公共政策，现实将比这些思潮和运动更加强大。日本在与这种古老立场决裂后，将不可避免地得到外来人口的充实。此外，从拉美（更准确地说是从墨西哥）前往美国的道路似乎即将不太拥挤。而且，亚洲尤其是中国的大面积人口流动将不可避免，尤其是该国现在和将来的水资源严重不足。那里生活着全球 20% 的人口，而水资源储量只占全球 5%。

还必须考虑所有被迫移民的人，尤其是阿富汗人、伊拉克人、利比亚人、叙利亚人、索马里人和苏丹人。2012 年，全球近 5000 万人为躲避战火、种族战争、种族或宗教迫害而移民。在这

---

① 奥古斯塔·孔基利亚：《一个难民的世界》，《外交世界》2012 年 6 月号，第 1 页。

类移民中，还有移民劳工，目前估计其数量在 1 亿人左右，从现在到 21 世纪中期，这一数量或许翻番，其中半数为女性。

在这个 50 亿人口的人群中，2012 年有 10 多亿游客周游世界，而在 1950 年和 2000 年，这一数字分别为 2500 万和 5.5 亿，到 2030 年，其总数将达到 70 亿。中国人昨天还落在后面，今天超过 1 亿中国人通过旅游去发现世界。[①]2011 年，全球有 28 亿人乘坐商务航班旅行。据预测，2016 年这一数字将达到 36 亿，这一增长有一半是在亚洲，尤其得益于内需增长，中国和印度将分别增长 11% 和 16%。[②]

正在建设的宏伟工程旨在回应现在和未来人类流动提出的挑战。2002 年至 2012 年，中国已修建 49890 公里的高速公路，相当于美国公路网的三分之二，总投资达 2070 亿美元。同期，中国拥有了世界最发达的铁路系统，2012 年中国的高铁网达到 9300 公里，2015 年其高铁网里程翻了一番。[③]更具戏剧性的是，中国将以 600 亿美元的代价，修建三大水路，目的是让长江宝贵的水资源从南流向北。东部水路于 2014 年完成，中部水路于 2015 年竣工，西部水路将于 2030 年完工。

世界其他巨型工程正在或即将完成，旨在方便人类流动。在如此众多的工程中，我们记住了连接西欧和中国西部的国际跨境

[①] 阿兰·梅斯普里耶、皮埃尔·布洛克－迪拉弗尔：《周游世界》，巴黎，波雷亚尔出版社，2011 年。

[②] 《国际航空运输协会 2012 年报》，北京，2012 年 6 月。

[③] 安妮·范德梅：《中国：一个流动的国家》，《财富》2013 年 6 月 10 日。

走廊，该走廊全长 8500 公里，完成这一工程需要 10 个国家合作。该公路竣工后，从一端到另一端只需 10 天，而目前需要 40 天。人们还计划在也门和吉布提之间修建一座长 29 公里的大桥，在这两个国家各建一座新城，目的是在中东和非洲大陆之间创建一种物理接连。在中国，人们计划修建一座长达 50 公里的大桥，将广东省与香港连成一体，大桥建成后从内地到香港的路程不到 1 小时，而目前需要 4 小时；最后，人们还计划修建一条长达 200 公里的海底隧道，将大陆与台湾连接起来。

这些重大工程同样丰富了海上路线：拓宽巴拿马运河及修建北极新道路，从大西洋进入太平洋的线路将缩短数千公里。最后，人们还决定修建一连串深水港，从上海到喀麦隆南部的克里比，从加拿大北极圈的纳尼西维克到阿普拉港，后者是夏威夷到菲律宾的海上之路，几乎遍及世界各地。

得益于数字时代开辟的几乎毫无限制的线路，今后流动将更加普遍、便捷。正如我们前面指出的那样，数十亿人已参与这种新型的人类文明，每天上网接触世界的多种声音并通过自己的方式加以丰富。这些人组成了数字人类，一种摆脱地域和时间束缚的人类。今后，他们可以发布自己的信息，并通过各种移动端即时接收，这些移动端已成为我们生活的延伸。

在西方，一些人认为，对边境严加管理将保护他们免受人口流动和多重身份加剧的侵害。然而他们错了。这些因素将随着时间的推移而与日俱增。

全球治理

　　新世界：这是欧洲航海者在寻找印度之路，到达加勒比和美洲群岛海岸后采用的表述方式。至此，地球的整个物理空间都已被发现，当时的列强因此调整了其征服和施加影响的战略。[①]我们刚刚描述的新世界属于另一种性质。

　　首先，这个新世界在创造财富能力的新分布和财富在世界各地区之间更公平分享方面不同。地球东部和南部的人口从中受益，他们应该感受到了一种类似于 15 世纪航海家及其主人在发现世界新版图时的激动。他们从此发现了一种陌生的东西，它成为行动、征服和施加影响的强大动力。25 年来，新兴国家成功让四个世纪来处于主导地位的经济、金融和贸易流发生了逆转。这些国家的出现制造了一种新的力量对比，继财富之后，又让权力发生变化。

　　其次，这个新世界渴望每个人都能进入数字空间，它是一种新的技术创新，能够让整个人类进入一个前所未闻的历史阶段。它在全球的铺开，宣告了对科技产品和技术应用实行控制的时代已经结束。自工业革命以来，此类科技产品和技术应用曾是西方的特权。世界财富或许应该共享，目的是要让这些产品也能共享，让网络能够进入千家万户，今天全球已有 34 亿用户。仅仅 25 年，这一成果已进入文化、社会、科技、经济和政治领域，涉及整个

---

① 奥克塔维奥·帕兹：《线路》，巴黎，伽利玛出版社，1993 年，第 31 页。

人类的关系。

最后，这个新的世界因人类家庭人口的新分布而与以往不同。到 21 世纪中期，全球将有 90 亿人口，其中 80% 生活在亚洲和非洲，20% 生活在欧洲和美洲。

根据新加坡李光耀公共政策学院的分析，世界变化如此之快，如此之巨大，以至于没有一种理论能够做出解释。然而我们知道，财富转移越来越意味着资源的单向转移。它表明，新兴国家现在有办法确认自己的利益并加以捍卫，同时改变二战以来由所谓"先进经济体"确立的政策。

所有的箭头指向一处并且表明，权力或许正从西方转向亚洲。我们绝对不知道这种跨越会产生何种后果以及如何产生：这种变化是循序渐进且一帆风顺的，还是会引起内部动荡和危机？我们可以列出一些令人惊讶的证据。例如，中国不仅成功赢得了世人的敬重，而且未与超级大国美国发生对抗，并在中美两国间建立起深层次的相互依存关系。由西方倡导并推行的全球化导致财富在世界东方和南方大量积累，而西方国家则进入漫长的经济和社会危机期（这种危机部分因为世界经济结构调整和金融资本主义的限制，过去 30 年里它一直主导着西方的经济活动）。

与赞比亚经济学家、当下地缘政治文学的真正明星丹比萨·莫约①力挺的论调相反，尽管西方目前受到种种困难的重创，但全球化并不标志着它的末日，不过它限制了西方作为创造价值、知识

---

① 丹比萨·莫约：《西方失败之路：50 年的经济错误及未来的艰难选择》，2010 年。

和资产唯一来源的能力和愿望。

　　过去四个世纪，权力的转移都是在西方内部进行的。因此，没有人质疑西方在世界的最高权位、普遍主义理念和将这一意图体现在大规模强制行动中的能力：重新划定边界，甚至包括最老的边界，将地球上的广大地区置于其监护下，其不幸后果至今仍困扰着我们，尤其是在中东和非洲。总之，大西洋的这种文化体现了人类进步，促进了科学和技术，有利于社会发展和财富创造，但同时也导致了控制、牵制和乱作为。因此，没有人质疑西方构建全球的政治和经济关系，控制国际机构，强加某种发展模式，充当公共安全巨人以及对人类精神和文化遗产进行分类的意图。治理世界曾是其分内事。在新世界里，谁将扮演这一角色？

　　问题已经摆在我们的面前。在此期间，西方的地缘政治和地缘经济重心正无法挽回地转向地球的东方。因该地区的中产阶级大规模增长，这种转移日益加强，而大西洋地区国家的中产阶级（无论是数量还是收入）则停滞不前。世界的地缘政治和地缘经济重心无法挽回地转移，还因为西方人口增长停滞不前时，亚洲和非洲的人口却在强劲增长，这种趋势还将一直持续下去。

　　下一章，我们将审视世界动荡对文化产生的后果。在人类活动这一重要领域，财富和创造财富能力的新分配以及数字时代的全面到来意味着什么？国家间和世界各地区间的关系重组将对文化领域产生何种影响？

第二章

一个前所未有的
文化世界

世界正在发生的变化影响着整个人类的活动，包括已受到深刻震撼的文化领域。财富转移和数字时代到来的影响、经济增长和发展能力的新布局，不会在文化的边界止步，尤其因为它将成为经济的重要组成部分，并受到新交流技术的推动。从这种意义上说，由此产生的文化世界是前所未闻的。

从今以后，人类将在一个不为前人认识的空间里生活。这个空间浩瀚无边，包括现实世界和虚拟世界以及连接它们的跳板。在这里，我们又找到了所有的常规活动以及因数字化或物质世界的非物质化而成为可能的新型活动，以及推动流动性的原动力，这种流动性同样是先辈们所不认识的。点击一下鼠标，整个世界就会向人类打开。人类无论身处地球何处，都能获得并掌握这些潜能。

在人类历史上，创造能力、生产能力和消费能力从未延伸到一个如此辽阔且日益扩大的地域和人群。从来没有一种产品刚刚落地，便能够让如此众多的人立即分享，数十亿承载着创新产品的移动端让大部分人实现了零距离接触。创造能力、生产能力和消费能力这类原本属于地球西部的特权，今天已逐步扩展到全球的所有地区。

21 世纪初以来，这个新空间的资产流动已翻了一番，人员流动量已从 1950 年的 2500 万人次上升到 2012 年的 50 亿人次，虚拟空间的互动已达到天文数字，我们已在前面列出了清单。由于无所不能的机器相互连接，流动更加便捷。持续扩张的传播和交流构成了一张巨大的网络，从此将延伸到地球的每一个区域。它借助昨天仍不存在的途径，一个不断得到充实、有形或无形的网络，准备入侵整个人类。

这便是我们这个千年出现的反常现象。它拥有数十亿配备先进技术手段的人口，并使他们中的每一位都成为一个潜在的信息发射器。它标志着对个人主义的认可。如果说这些先进的技术手段丰富着每个人的个性，一旦他们未融入汇聚整个人类的虚拟世界，这些手段只能是摆设。因此，对个人主义的认可和对人类大家庭的认可必须结合起来。这种意愿由来已久，甚至是很多哲学体系和法学体系研究的核心。遗传学、人种学、法律和诗文都曾幻想过，但过去检验这种关系的能力从未如此真实，也从未如此普遍。

这些传播和新老关系相互碰撞、相互交错并相互补充。实际上，它们成为全球价值链的组成部分，在此被看作在各社会和各界别实施的各类创举和交流，有助于经验、知识、服务以及物质和非物质产品的创造。网络、数据库、参与性百科全书、集体作品等因此而形成。这种结构尤其与工业制造有关，如飞机、平板电脑、智能手机、汽车或卫星制造。建立在非物质化的分析、清查和监控功能基础上的流动和传播系统，使这种结构成为可能。在工业领域，德国、美国、中国、巴西、印度、韩国和日本成为收集和融合汇总全球各地数据的重要极。这些国家是物质世界和非物质世界联合活动的最早受益者。而俄罗斯、英国、土耳其、越南、墨西哥、南非、摩洛哥、印尼和尼日利亚等国，也试图掌握这些能力。

文化与经济

文化借用了经济的某些基础类别：从教育培训到研究，从投资到内容生产，从推广到流通，从投放市场到客服，无不如此。如果说文化在逐渐淡出人类生活的私人空间，它亦需要国际、国内和地方政治决策机构为其获取制度资源，尤其是法律和金融资源。文化总是与广阔的科技世界紧密相连。化学、工程、冶金、解剖、天文、印刷、音频、图像捕捉，而且也包括人文科学，如历史学、民俗学、社会学、语言学、翻译以及其他，林林总总，都是它的永久伙伴。数字化已进入文化和科技创造者之间的这种漫长关系，这两个世界既不相同，又彼此不可分割。数字时代已凸显出目前的文化创作、传播、流通和服务。

文化从来都不是一个与世隔绝、自成一体且对世界变化无动于衷的实体。在预感或引起世界变化后，文化常常对它们进行综合，以显示一个社会的精神、愿望和挫折，一个时期的进步或倒退，一个人群的渴望和失望。

油画上的一声呐喊便让一个血腥世纪的悲剧隐约可见；一段旋律便让一群群移民后裔在纽约港看到新世界如同太阳升起般地浮出水面；一幅最终在地窖黑暗中被照亮的壁画便让一个有着几千年历史的古老世界出现；米瑞安·马卡贝的一首歌便让种族隔离的恐惧再现；阿马杜·拉明·萨勒的一首诗便让西非古老文化复活；阿明·马卢夫的一篇论文便让共享历史的阿拉伯和西方读物昭然若揭；莱热的一幅速写便揭示出 20 世纪 40 年代的欧洲无产阶级；开罗火车站附近的一天便让尤瑟夫·夏因的那部壮丽影片在一种爱恨交错的机能紊乱中激情四射。文化既是组合拳又是炼丹术。文化的使命是展示现实的另一面，通过简单的文字丰富它，通过一种呐喊或一种舞步（如后来风靡全球的迈克尔·杰克逊舞步），既可让一种生活黯然失色，也可让它熠熠生辉。

如同此类例子证明的那样，文化超越经济、科学和技术。当一件作品出现时，让其获得灵感的要素就是正在减弱的原动力：高迪的教堂、北京的紫禁城、毕加索的《格尔尼卡》、凯鲁万的大清真寺、但丁的《神曲》、梅赫布罕的《印度之母》、三岛由纪夫的《午后曳航》、M.F. 侯赛因的壁画、马丘比丘、大津巴布韦、吴哥窟、毕尔巴鄂的古根海姆博物馆、小津安二郎的影片《东京物语》、桑戈尔的诗集、莫扎特的《安魂曲》、李琛的超豪华雕塑、埃塞俄比亚的巨石教堂纪念群、杰克逊·波洛克的世间。

一种文化也好，各种文化也罢，其特性解释了它们拥有一种特定历史的事实，并一直在向世人证明它们彼此借鉴、相互交融，正是这种借鉴和交融构成了文化。文化是天生的捕食者，因为它们在寻找一切手段来表现生活的其他方面。它们深深地印在了记忆中，例如从未到访非洲的让－米切尔·巴斯奎特①对非洲的记忆。文化既展示又隐藏，既显现又遮掩，它拥有专门词汇，常常用于揭示古今文化遗产，艺术家及其创作，艺术作品和潮流，文化资助者和剽窃者，创作标准（如古典的、流行的、宗教的或世俗的）以及它们在永久性与暂时性、丑与美、可见与不可见之间的摇摆不定。

　　全球范围的财富转移对文化领域具有多种直接影响。因此，从中受益的国家和社会有机会主动发展文化领域，它已成为经济发展的一个重要因素，使政府和私人能够增加对该领域的机构和企业的投资，因此有助于文化的发展并提升其辐射力；它有利于新兴国家以及世界其他地区中产阶级的扩大，这个阶层是消费文化产品和技术产品的主力军；它有助于国内和国际文化产品、文化服务市场的更新和巩固。

　　当西方国家，尤其是欧洲国家因结构调整而削减文化投资时，新兴国家，如中国、印度、俄罗斯、巴西、摩洛哥、韩国和土耳其等国，则大幅增加对该领域的投资，重新制定公共文化政策。由于文化和娱乐经济方面的原因，当然还因由此产生的政策红利，这种能力转移正好使一些国家的文化雄心重新得到平衡。2012年，

---

① 让－米切尔·巴斯奎特1960年生于纽约，是二战后美国黑人涂鸦艺术家，新艺术的代表人物之一，其作品多以黑人为主题。

中国国家主席胡锦涛在中国共产党全国代表大会上提出，要增强中国文化的国际影响力，目前它与中国的全球地位不相符。亚洲、拉美和非洲其他领导人也表明了相同的愿望。

就像我们即将看到的那样，在太阳马戏团杰出设计师的帮助下，中国的文化和娱乐城迅速发展。一些电影制片厂，包括世界上最大的、装备最好的新厂纷纷在这里诞生。中国的一些大公司已投资亚洲的地区市场，有的已获得全球性的发行。至于印度，为支持本国的电影业，政府重新制定了税务政策，修改了银行法，方便它们对该领域的企业开放信贷。在上述两国，文化产品发行系统的指数在增长。新加坡则大规模投资文化设施，希望成为亚洲当代艺术中转站。波斯湾地区的一些酋长国同样抱有这种愿望，因此增加对文化领域的投资。巴西制定了一项推动市民参加文化生活的政策，对数百万巴西人参与文化活动予以资助，否则，他们将被排除在外。另外，正如我们将看到的那样，艺术和文化的国际交流极大地丰富了世界各地区的文化盛会。而在 25 年前，这一切还不存在。

文化盛会的日益丰富推动了该领域的另一大变化：文化消费市场的规模在扩大，无论是国内市场、地区市场还是全球市场，而且这一市场正在向东半球和南半球转移。实际上，由于人口下降及老龄化，西方市场和俄罗斯市场正处于饱和状态，而且未来若干年将呈下降趋势，而亚洲、非洲及大部分拉美市场则面临强劲增长，这种势头将持续。

最后，财富转移对文化产品和服务造成的后果影响着贸易关系和谈判。①2008 年至 2009 年，针对中国采取的涉及版权、某些出版物和音像娱乐产品发行服务的措施，美国借助世贸组织对付中国的销售就是一个有力的例证。中国受到了不公正的指责，但未改变自己的政策。在一项潜在的跨大西洋自由贸易协议谈判中，因涉及文化抗辩，导致欧盟国家分裂则是另一个例子。②

财富转移并未立即改变长期以来形成的平衡，然而却在世界各地区、各国之间引发了金融、技术和政策手段的重新洗牌，涉及文化产品和服务的生产能力，以及确保其在当地市场和国际市场推广的能力。这类能力曾是某些国家，尤其是大西洋地区国家的特权。这种状况一直延续到最近，然而投资能力已国际化，文化产业发展的预期收益日益丰厚，消费市场最终实现增长，尤其是在亚洲和非洲。

这种重新洗牌虽然还未结束，但对全球不同地区和国家产生的影响也不同。然而，任何地区或国家都不会袖手旁观。因此，如果说非洲大陆仍未被最终纳入到这种全球平衡再造中，但不管怎么说，它已加入这场竞赛，因其历史上的种种悲剧，需要考虑某些重要因素，这并非是轻描淡写。了解非洲的人知道，这里的文化场所和文化盛事与日俱增，舞蹈、戏剧、绘画、音乐、时尚、设计、出版和建筑等蒸蒸日上，非洲大陆从此进入数字时代。

① 企业家联合会：《双方协定与文化多元性》,《新闻简报》第 7 卷第 5 期，2012 年 6 月 4 日。
② 世界贸易组织附加服务，日内瓦，2013 年 8 月 13 日。

文化与技术

数字时代的全面到来对文化领域具有各种重要影响。首先，它使文化服务和文化产品的非物质化技术（即数字化）得到广泛应用，文化服务得以在全球范围内扩展，文化资产根据新的参数，得以储存和流通。其次，它为数字化文化产品（古、今和孕育中的文化遗产）提供了一个虚拟平台，使它们能够全部储存起来并在全球任何地方都能获得。而且它有利于创作，因为互动系统随处可见可用，无数互联网用户成为虚拟原创人员。只要登录几次YouTube网站和其他致力于文化的社交网站，便能对数字时代的广阔前景形成概念。每天都有成千上万分布在世界各地、年龄各不相同的网民在观赏、阅读、评论。由于互联网的出现，一代代年轻人有幸接触到全套的文化服务和文化产品，至于其性别、年龄、社会经济地位、种族，以及哲学或宗教信仰都无关紧要，他们的祖辈们却没有这么好的福气。年轻人还在这里发现了一个生活空间，可以进行任何形式的交流。最后，数字时代的到来，给文化政策的重大调整提供了机会，包括一系列由此产生的标准、规则和公约。我们尤其想到了政府资助的条件、作者的权利、在线文化活动评估、教育活动的变化，当然还有税收。皮埃尔·莱斯库尔①在写给法国政府的报告中，就数字转化需要的东西作了详尽

————————

① 法国 Canal Plus 电视台前"掌门人"，现任戛纳电影节主席。

描述。在承认数字技术十分丰富的同时，一种思潮让人们对其"破坏力"产生了警觉，他尤其对文化产品变成符合数字时代技术要求的格式表示担忧。他还提到了创作可能减少，甚至包括文化本身。①

在虚拟世界这个大广场，文化领域一直都在自我完善，这也证实了贾瓦哈拉尔·尼赫鲁②的直觉，他在另一场合曾说："世界的行进让民族文化从此与人类的国际文化衔接起来。"

简而言之，今天全球数亿人受到不同形式文化的呼唤：他们可以对其做出反应，可以丰富它、赞美它，也可以唾弃它。由于不计其数的门户网站和创作、展览、传播或仅供欣赏的专业网站层出不穷，他们既可以单打独斗，也可以集体而为。

技术与文化之间的新关联亦引起人们对其他主题的关切，尤其是对经济和就业市场的冲击。2013年出版的《创意英国的数字未来》在对2001年至2011年这10年研究后指出，在这一时期，欧洲文化领域的经营额增长了300亿欧元，分布在数字电视、在线视频平台、数字电影、（最先感受到数字革命寒冬的）音乐和（10年间经济占比提高3倍的）视频游戏。为了能在这一新的经济领域分一杯羹，一场博弈已经开始。上海、蒙特利尔、孟买、里昂、新加坡、柏林、圣保罗、伦敦、伊斯坦布尔、首尔、洛杉矶、

---

① 威廉·H. 达维多：《过度连接：互联网的前景与威胁》，纽约，飞燕书屋，2011年；杰伦·拉尼尔：《你不是个玩意儿：这些被互联网奴役的人们》，纽约，亚飞诺普出版社，2010年。

② 印度开国总理，也是印度执政时间最长的总理，在任时间为1947年到1964年。

墨西哥、巴塞罗那、纽约、东京、多伦多……这一城市圈仍在不断扩大，它们正成为世界级文化新产品生产的重要极，它们将连接数字人类，在不远的将来这一人群将达到 50 亿人口。

文化的各个方面均得到丰富：从此，现实世界和虚拟世界的各种可能性、界限以及它们间的相互影响将带来新的变化。高等学府将根据这一新空间的需求修改教程，它并非现实世界的简单延伸，因此需要为屏幕构思、编剧并制作作品。[1]

一个融合的世界

亨利·詹金斯[2]在一部重要作品[3]中，综述了虚拟世界产生或展示的这种文化现象。按照他的说法，这种文化现象催生了一个云集网，它将人类彼此联结在一起，让他们无限制地享受文化美餐并体验这种新的文化形式。实际上，爱好者们都应邀"接触、观赏并评价这些作品。他们应邀将其分解并重新组合，审视它的各个方面，甚至与原创人员对话"。在许多人的生活中，物理环境不再是一种主导因素，它在我们眼前迅速模糊起来。或许明天会

---

[1] 《拉埃蒂恰·玛松尝试网络小说》，《世界报》2013 年 2 月 18 日。
[2] 亨利·詹金斯，麻省理工学院比较传媒研究项目的创始者和第一责任人，撰写和编辑出版了 10 余本学术著作，包括《粉丝、游戏玩家以及博客：探索参与文化》和《从芭比娃娃到真人快打：性别与电脑游戏》等。
[3] 亨利·詹金斯：《文化融合：新老媒体的碰撞在哪儿》，纽约，纽约大学出版社，2006 年。

散发出遗址或古董的气息。按照法国哲学家亨利·柏格森的说法，在这种动荡中，有一种"创造性变化"的力量和奥妙。

进入虚拟空间的方式与日俱增，其平台推广、传播和销售游戏、系列片和电影、音乐、图书和艺术品，推出各类性质的展览，提供参观博物馆的建议，介绍剧目及其他文化产品。总之，文化越来越多地利用交流的技术工具和屏幕上的服务平台。今后，点击一两下鼠标，就能看到各种古今文化遗产，获得各类作品，收听或收看成千上万综合类和专业类电台或电视台，在图像库中尽情享用。数量不断增加的博物馆推出了馆藏的数字目录。罗浮宫学校①持有一份记载着世界各地区创意活动的登记簿。谷歌的艺术项目已涵盖3万件艺术作品，据法新社报道，"该项目将加快世界最著名博物馆的数字化进程"。按照谷歌公司公关人员的说法，这只是一个开端！

如此开放的新空间亦是一个集邀请、启发、展示和永久性推荐"令人垂涎的珍品"于一身的系统。它吸引人们加入这个大家庭，做时代的潮人并聚集人气，为虚拟人类不可逆转的发展添砖加瓦。毫无疑问，这一系统不会妨碍人们根据自己的喜好上网，却有利于提出各种被拒绝的建议。因此，这个新空间提供了丰富的多元性，开启了昨天仍限于有限人群的文化流动性。

有些人在思考查尔斯·泰勒②在另一种背景下对"身份"的前

---

① 教授艺术史、考古学的高等学府，位于巴黎。
② 当代西方有影响的哲学家、政治理论家。

景所做的分析①，旨在对多重身份的上升做出结论。在这种快速增长中，我和他人、现代社会和世界会产生什么样的精神现象？什么是让我们理解这部分自我的关键？它在今天这种必不可少的虚拟身份中时隐时现。

无论是严格意义上的市场经济，还是像中国那样的公共市场经济或混合经济，这一系统都不属于经济意识形态。然而，所有这些概念和组织形式却是经济生活中必不可少的。它们中的任何一种经济都是一个基本的有机结构。掌握它，有助于财富的转移。实际上，当代的两大变化相辅相成，不可分割。如果说这一系统不属于一种特殊的意识形态，却是按照国家所设想的公民关系和个人及公共自由，在确定（至少是一部分）其模式的情况下，完全反映它们。在涉及国内法和国际法时，因屏幕上产生了许多令人印象深刻的人类活动和相互关系（既有私人的和公共的，也有国内的和国际的），还因数字人类拓展的活动未来将相当于整个现实人类的活动，未来的工程将是庞大的。除了把现实空间的做法搬到虚拟空间，这项工程才刚刚启动。国家和整个有关组织和机构应重新审视现有标准，因为进入虚拟时代要求另一种环境以及其他调节和控制系统。

这便是今天的文化领地。它来自全球的所有区域，连接着数十亿的个体，他们分析这块领地提供的物品，确定哪些能满足自己的期待和需求。简而言之，从最古老的到最近期的，从最边缘的到

---

① 查尔斯·泰勒：《自我的来源——现代身份的形成》，蒙特利尔，波雷亚尔出版社，1998 年。

最吸引眼球的，文化从未受到如此普遍的接受。这便是 21 世纪初广袤无垠的文化领地，一张史无前例的全球文化版图初现轮廓。

古今文化作品，网民社区的每个成员都唾手可得。这些用户在数以万计的综合性或专业性平台相聚，构成了虚拟世界的无限风光。他们参与并推动一个全球性的新课题，采用全球各种语言进行，在信息空间加入大量昨天仍限于当地民众了解的文化参考资料，并在全球制造数十亿次的即时交流，它亦证明人类家族的多元性。这种发展成了 21 世纪诞生的标志。

这个庞大的系统全球随处可用，它遍及所有大陆、所有国家和整个人类。数以亿计的民众用自己的语言、声音和图像随时进入任何平台，无论是最先进的，还是最基础的。越来越完美的逻辑工具和技术手段，如扩大信息范围的即时自动翻译系统，使这种海量传递成为可能。大家都目睹了该技术领域的发展，从 20 世纪 80 年代的电脑，到 90 年代的手机，再到近年的移动智能平台。在掌握其功能的过程中，包括全球性的互动，这些系统的普及性是看得见的。

一个多元的世界

我们在前面提过，在人类历史上，从来没有一些字符和代码得到如此多人的分享，至于其来源和地域则无关紧要。这种分享给人与人之间的连接提供了广阔的天地。它的作用如同一种万能工具，似乎能让各种文化相互适应，并让它们在相互融合的平行关系中生死与共。你有我无或你无我有的历史模式已被彻底颠覆。不可逆转的是，这种突变是巨大的，它对未来的文化影响仍不为我们所知。

有史以来，人类第一次进入上亿人同时使用的多种综合性和专业性平台。微型移动端从此可以从早到晚地陪伴我们，由于各种高流量无线网络的应用，我们随时可以通过移动屏幕上网。

现在，这些技术成为我们生活的组成部分。从这种意义上说，互联网已成为一个世界，这里的文化标准和格式已经制定，包括对数字时代文化产品的参与或合作。

虚拟世界的出现打破了文化疆界，使我们能够进入一个我们或许才刚刚开发的新领地。这个世界逐渐构筑并将继续构筑人类的精神家园，尤其是新生代，他们视其为个人和集体生活的延伸，并重新定义他们与文化的关系。正是在这个新的空间，文化经济在我们眼前推陈出新，如此多人的行为变化必定导致经济的变化。它对虚拟世界将产生何种影响并如何产生？它将给予作品和创作者何种地位？如何面对竞争？如何推广现有产品？如何获得与文化相关的服务？这些都是 2010 年阿维尼翁论坛上提出的问题。[1]

提到全球在线贸易年均增长率达到 20% 时，论坛倡导者们毫不犹豫地断言，这种强劲势头"正吹向文化界"。他们特别指出，

---

[1] 菲利普·托雷斯、路易斯·特勒萨德、雷诺·埃杜阿尔－巴罗、尼古拉斯·丹格勒让：《数字技术对文化世界的冲击》，阿维尼翁论坛研究和咨询工作室，法国巴黎银行，2010 年。

音乐、图书和数字媒体（处于持续增长）产业正转向在线贸易，尤其是因为供给充足，当然还因为"我们的日常用品正逐步被占据大众生活的数字产品所替代，这一人群越来越习惯于使用互联网，尤其是手机服务将此类应用延伸到日常生活的方方面面"[1]。

让我们回忆一下前面提到的数字：1990 年实际上还不存在的数字端到 2017 年将达到 116850 亿个。同年，移动端（智能手机、平板电脑、电视机、M2M 模块）的浏览将占整个数字端浏览量的49%。还有，2015 年手机用户数达到 75 亿左右[2]。大部分用户都选择了智能手机，由于各种功能一体化，它已成为最流行的终端：电话、上网本、照相机、音乐播放器和游戏平台，等等。我们估计，2010 年，谷歌、诺基亚、微软和 RIM 公司提供的应用软件在30 万个左右，其中三分之一可以让用户获得内容和文化服务。

世界范围内的政治、经济、军事和贸易重建，间接或明确地引起了文化分级，导致一种普遍的观念，认为大西洋区域优于其他地区，把它们的价值和标准当作全球性的价值和标准。这一漫长时期已经到头。财富的重新分配催生了其他强大的地区，后者有坚实的基础提出自己对世界表现方式的理解、普遍性观点并对全球文化空间做出贡献。

① 菲利普·托雷斯、路易斯·特勒萨德、雷诺·埃杜阿尔－巴罗、尼古拉斯·丹格勒让，《数字技术对文化世界的冲击》，第 12 页。
② 研究与市场：《全球移动游戏、应用软件和社交网络：趋势与预测》，2012 年 10 月。网址：http://www.researchandmarkets.com/reports/2318697/ global_mobile_games_apps_and_social_networking。《与信息通信技术有关的数据和数字》，《2013 年的世界》，日内瓦，国际电信联盟，2013 年 2 月。网址：http://www.itu.int/en/ITU-D/Statistics/Documents/facts/ICTFactsFigures2013-f.pdf。

　　这一过程将伴随着整个世纪，迫使人们将大西洋区域的历史重新纳入更广泛的历史整体中，重视大家（所有其他人）的观点，认识并理解他们。这个过程不会在不发生冲突的情况下完成，正如一切涉及国际生活的基础、价值和最终目的的东西，以及滋养它们的精神传承和文化遗产。这将是引人入胜的，因为它将引起价值体系之间的空前融合，而在昨天，某些人仍有权将自己的世界观强加于人，制定对其有利的标准。

　　这些剧变影响着文化服务和产品创造的所有活动。实际上，创造力、生产力、投放市场力和消费力从此将受到全球各地区人口比例不断变化的影响。这便是财富重新分配、数字时代潜力的全面发掘及数十亿人对其使用的结果。

　　直到昨天，这类能力仍全部或部分被美国及欧洲几个老牌大国不同程度地掌握，当然还有日本和韩国。今天，全球其他极，尤其是亚洲、拉美、非洲、阿联酋、近东（土耳其）、俄罗斯联邦以及其他地区极，已拥有人才、技术、资金和组织资源，来创建此类文化服务和产品，并推荐给世界其他地区。文化服务和产品已进入一个快速增长期，来自世界各地的文化潮流在全球任何一个角落都将可以接触到，它们受到各种神话、象征和古今文化遗产的启发。这场运动如火如荼，已改变并将彻底改变文化和娱乐市场，由于数字时代的神奇工具，人们无论身处何地，都可以获得它们。

　　今天，无论是生活在西方还是在世界其他地方，15岁的青少年拥有的多文化体验，比其祖辈同龄时的体验要丰富得多，无论是有意的还是无意的。这种体验既来自家庭或朋友家庭的日常生

活，也来自其所在居民区、学校、城市、国家的日常生活。他们
既可以在周边或随身携带的屏幕上体验，也可以在画面中和阅读
的动漫语言中，在接触的社交网络中，在体育、文化和节庆盛会
的现实和虚拟社区中体验。简而言之，无处不在的文化小溪证明
了世界的多元性，它试图在全球民众的记忆中、精神上和内心中
为自己开辟一条小径。

这种多元性常常得到新文化产品和已经存在、却仍未在全球
文化大广场上找到自己位置的文化产品的丰富。因此，尼日利亚
电影业（著名的诺莱坞）虽是世界电影业的三大重要基地之一，
每年摄制的影片达 1000 部，但直到最近却仍在非洲和世界文化
舞台外徘徊。得益于互联网，尼日利亚影片今后可通过视频点播，
不仅仅限于整个非洲大陆，全世界都能看到。昨天仍限于当地市
场、在非洲大陆采用随机销售的尼日利亚电影业，今天已成为该
国的第二大支柱产业，今后它将无处不在。

所以，处于圈外的文化产品，今天有机会在阳光下崭露头角
并丰富全球的多元文化，这就是文化应用技术的力量。它在发掘
和昭示文化资源，让它们普天共享。与此同时，这种力量有助于
证明文化遗产、神话故事、文化标识的多元性，至于它们来自世
界何方则无关紧要。21 世纪是一个多元世纪，虽然受到近四个世
纪占统治地位的大国肆意否认，却是无法回避的事实，按照中国
经济学家林毅夫的说法，"21 世纪将是一个各种文化繁荣昌盛，发
扬光大的世纪"①。

---

① 林毅夫：《经济发展与中国文化复兴》，《北京大学学报》2009 年 5 月。

一个互补的世界

更重要的是，提供文化服务、创造文化财富的活动，即各国进行的有助于文化服务或产品的生产各种活动，也被纳入到全球价值链中，至少是一部分。

如果说，在工业领域我们对全球价值链的贡献有限，在文化和娱乐领域则似乎更多、更广。无论是在像纽约、上海、柏林、东京或伊斯坦布尔这样的世界文化大都市，还是在达喀尔、利马、河内、拉巴特、基希讷乌或杜阿拉这样的普通城市，把你的贡献纳入文化价值链中是完全可能的。例如，在一个国家著书并配图，在另一个国家印刷和翻译；一部影片在不同地点制作、拍摄、剪辑、上映，且演员和技术人员来自世界各地；让分布在多个国家的项目组用技术和艺术资源对视频游戏进行组合；让音乐节、舞蹈节或电影节等与世界其他地方举办的类似盛会对接；大型博物馆将部分馆藏分散保存，如将它们从美国运往亚洲或从欧洲运往波斯湾国家等都将成为家常便饭。

我们看到，地点、作品和创作人员的封闭状态被打破了。例如，亚洲电影艺术家在中欧拍摄影片的部分场景，而美国和欧洲电影艺术家却选择南非、拉美或中国。文化的多元性因此得到加强，文化的历史性融合在加速，文化市场因全球正在发生的变化而得到丰富。市场的全球化尤其因拉美、非洲和亚洲中产阶级的迅速崛起而得到巩固，当然还因为全世界数十亿人今天拥有各种移动端，通过它们来获取文化产品，这种获取方式几乎是一网打尽。全球的文化空间正在改变。

一个扩张的世界

由根植于西方文化的表现形式和陈旧数据表所构成的世界照片总是在展示美国极、欧洲极和其他极的显著优势。然而，世界的透视图却让人们看到了五彩缤纷的活动，它们尤其来自中国、印度、俄罗斯、土耳其、巴西、波斯湾一些酋长国以及其他国家。这些活动证明世界文化空间正在发生的深刻变化，它有力地推动了一张新的世界文化版图的诞生。

这些活动有的已经完成，有的正在实现。电视的来源和地域覆盖面的国际化属于第一个范畴，而大西洋区域外的全球大型文化盛会的风起云涌和艺术市场向世界东方转移则属于第二个范畴。

世界从单一屏幕到多彩屏幕

从 1990 年开始，也就是俄罗斯、卡塔尔、中国、巴西、印度、法国，以及其他许多国家创建各种各样的国际新闻频道后，美国CNN（美国有线电视新闻网）和英国 BBC 垄断全球电视的局面彻底扭转。接着，互联网时代到来，伴随而来的是全球电视进入老年时代。继英语垄断时代、大国（或希望成为大国）国际电视时代之后，迎来了全球电视空间的时代，即移动屏幕电视时代。移动屏幕之大，足以接收全球现实世界的所有电视节目及其数字版，此外还可接收专门为它制作的电视节目。然而，这类节目仅存在于虚拟世界。

因此，过去 25 年里，全球电视供给已经从稀缺时代进入五彩缤纷时代。今后，它可以来自世界任何地方并且采用所有语言传递。简而言之，在经历了单一的世界屏幕后，小屏幕已成为世界的屏幕。除了美国 CNN 和英国 BBC 的声音，现在已增添了人类大家庭的各种声音。

20 世纪的后 20 年，许多国际电视系统已经出现，它们都想征服世界。能提供电视跨国服务、对全球大事进行独家广播并播放制作、筛选和剪辑后的影像的，不再限于西方英语区。这种变化为多样性和多元化提供了一扇戏剧性的窗口，它否定了至此一直由西方独占的普遍概念。人们痛苦地回忆起那个离我们并不十分遥远的时代，当时全球重大事件的持续报道只有一个来源，只反映他们的观点。

垄断是在 20 世纪 90 年代中期被打破的，当时出现了一场激烈的竞争，一劳永逸地改变了国际新闻的局面，包括文化新闻。此后，人们在屏幕上可以看到来自不同领域的创作者、作品和来自不同领域的娱乐节目，它们并非不经意的花絮，也非异域奇观，而是在表达对现当代世界的理念和看法。

短短几年，这种多样性已经形成。2005 年，今日俄罗斯电视台开播并即刻获得成功。非洲 24 小时、法兰西 24 小时以及南方电视台横空出世；非洲 24 小时电视台源于非洲人希望最终掌握本大陆新闻的愿望，但在漫长的现代和当代，该愿望一直未能实现；法兰西 24 小时电视台则表明法国在经历了一系列挫折后，希望在国际电视这扇窗口最终获得成功；南方电视台是按当时委内瑞拉总统查韦斯的心愿，为抵制美国在拉美地区的影响而创建的。2006 年，半岛电视台国际频道的开播成了一起重大事件。自 MBC 电视台在 1991 年创建以来，天空就有了阿拉伯语，该电视台从伦敦向阿拉伯语国家转播。此后，该电视台与半岛电视台联手，用阿拉伯语播报社论和新闻，在世界空间与 CNN 展开竞争。自中国中央电视台在 1958 年创建后，天空同样有了汉语，它正逐步延伸到全球：首先在亚洲，接着在 2007 年进入欧洲，2010 年后进入中东和北非，2011 年后进入美洲并最终进入撒哈拉南部非洲。我们还要提一下，NHK 世界台于 2009 年开播，使这家创建于 1925 年的日本老电视台从此可以面向全世界。该电视台逐渐用 17 种语言播音，包括斯瓦希里语。这些新的国际电视台中有许多是用多种语言播音。某些电视台作出了令人吃惊的选择，如伊朗的西班牙人电视台，该台创建于 2012 年，用西班牙语播音，目标观众是欧洲、美国和拉美的西班牙语公众！

对越来越多的已成为跨国电视服务供应商①国家来说，无论是

---

① 菲律宾、阿联酋、韩国、德国、法国、巴西、墨西哥、意大利、葡萄牙、俄罗斯、泰国、阿根廷、印度和越南。还补充了一种电视节目，虽然不是通用的，却覆盖了世界大部分地区：澳大利亚、尼日利亚、希腊、巴基斯坦、新加坡、以色列、缅甸、智利、柬埔寨和罗马尼亚。

说得明白还是听起来令人费解，其意图是相同的：电视服务供应商希望让世人听到自己的声音，传播自己对世界大事的看法，并将自己的关注纳入世界日志；希望与其侨民群体建立联系，保证他们的利益，某些情况下帮他们流动；最后还渴望与大家分享其传统财富，展示其知识和文化才能及科技进步。这些意图证明了全球范围内的能力再平衡，它有助于加强世界不同形式的多元化，包括意识形态、政治、文化和语言。

该领域的工商企业同样与日俱增。这里仅举一例：美国卫星广播服务提供商 Dish Network 公司提供来自全球各地区的各种节目（资讯、电视、电视系列、音乐），尤其是南亚地区（采用多种语言①）、中东地区（采用阿拉伯语和意第绪语）、东南亚地区（采用该地区语言，包括普通话）和欧洲地区（采用近 10 种语言）。

上百家现有电视台和更多电台已转移到移动屏幕，为网络创建的各种专业电视台和电台层出不穷。今天，它们已成为一个庞大的电视广播群，以此证明并支持世界的多元化。观众不再只是近邻，还有数字邻居，无论身在世界何处，也无论是浪迹天涯者，还是侨民、研究人员或学生。一些大型社交网站就是基于这一意图创建的，如新浪微博，面向中华人民共和国公民，当然也面向旅居全球的华人社区，而 Sonico.com 则是为西班牙和葡萄牙侨民设计的。在此仅举以上两例。

---

① 包括印地语、古吉拉特语、马拉地语、旁遮普语、泰米尔语、泰卢固语、马拉雅拉姆语、坎纳达语和乌尔都语。

全球化和多元化表明了电视节目在世界范围的变化特征。此类节目在世界所有地区出现，今后全球任何地方都能收看。

全球文化盛会

这场全球化运动涉及文化领域的其他方面，尤其是举办全球性文化盛会的地点和国际艺术市场。昨天依然大规模集中于地球西部的文化盛典，今后将在整个世界文化空间展开。

以下目录还不太完整，但上面的地点证明了世界文化空间的此类活动：上海的龙美术馆、民生现代美术馆、喜马拉雅美术馆和上海余德耀美术馆；雅加达的余德耀美术馆；巴西的因赫泰姆当代艺术中心；莫斯科的车库当代艺术博物馆和现代艺术中心街区；基辅的平丘克艺术中心以及里约的世界创意经济论坛等，25年前，它们中没有一个上清单。这里仅举以上例子。

"20年前，上海既没有艺术画廊，也没有当代美术馆，"民生现代美术馆馆长周铁海指出，"20世纪90年代初，政府要修建一个现代艺术场馆是无法想象的，该领域的产品被认为太具颠覆性。10年后，当代艺术馆和中华艺术宫在上海开门迎宾，世博会馆址的一部分改为一个文化区。"①另外，该市还创建了"100%设计"上海展，并立刻成为该领域专业人士的国际盛会。②

---

① 作者《上海的经济角色》，《优仕生活》，第146页。
② 艾伦·希马勒法什：《展示上海》，《纽约时报》2013年11月17日。

接下来的文化活动清单亦然。25 年前，这些活动无一存在："在质量上和影响上挑战尊贵的威尼斯双年展"①的沙迦双年展、专注于印度和侨民艺术家的印度艺术博览会、跻身全球艺术市场第一行列的迪拜当代艺术博览会、艺术登陆新加坡、艺术巴黎、香港巴塞尔艺术展，其中香港巴塞尔艺术展聚集了 50% 的亚洲藏品并确认了亚洲在国际艺术市场的戏剧性崛起。

从今以后，全球最重要的 15 个双年艺术展中有 9 个将在世界东部和南部举行：阿联酋的沙迦双年展、韩国的光州双年展、巴西的圣保罗双年展、土耳其的伊斯坦布尔双年展，俄罗斯的莫斯科双年展、新加坡双年展、日本的横滨双年展、印度的科钦双年展以及中国的上海双年展。在国际拍卖行业，一场类似运动已引起广泛关注，它正从地球的西部向东部转移。2013 年，佳士得和索斯比拍卖行在香港设分支机构，已获得许可证并成为第一家能单独在中国从事业务的国际拍卖行，它将面对中国国内的强劲竞争对手：保利国际、歌华文化发展集团和中国嘉德。

这一版图证明了艺术市场的转移，尤其是转向世界的东方。备受全球艺术市场推崇的专业机构——法国艺术资讯公司最近作出如下表述："2011 年或许是艺术市场最高产的一年，其销售量增长 15%。这一业绩主要归因于中国引领的亚洲异军突起，亚洲的发力始于 2007 年，2010 年已大获全胜。这一年，中国成为世界市场的龙头老大，占据的市场份额在 39% 左右。美国屈居第

---

① 瓦莱里·迪逢谢勒、贝亚特丽斯·德·罗什布埃：《新的艺术财富》，《费加罗报》2013 年 4 月 9 日。

二，占全球产品销售的 25%。"[①]这一版图也证明，亚洲，尤其是中国创作者在国际艺术市场所占份额在不断扩大。实际上，他们中的某些人位居该市场的前列：岳敏君和他的讽刺性自画像；北京奥运会开幕式上特殊烟花的制造者蔡国强；张晓刚的超现实主义画作在世界广受好评；愤世嫉俗的现实派大师方力钧在其画作中表现人类欲望膨胀到临近爆炸的地步；当然还有谷文达、曾梵志、张大力、张欢、张大千和齐白石。这一转移令人关注，然而，为紧跟国际市场的脉搏，这一增长日益突出，2012 年至 2050 年，亚洲占全球 GDP 的份额将翻一番，即从现在的 25% 上升到 50%。

近 15 年来，国际电影盛会也得到极大丰富，尤其是在亚洲。如果说西方新闻一直在优先报道戛纳电影节、柏林电影节、威尼斯电影节和多伦多电影节，该领域的专家、制片商、发行商和演员在他们的日程中也记下了台北电影节、香港国际电影节、上海国际电影节、釜山国际电影节、印度国际电影节、亚洲首届电影节、雅加达国际电影节、马尼拉电影节、孟买国际电影节、短片和动画片电影节、帕安岛电影节、香港独立短片及录像比赛、瓜达拉哈拉国际电影节。同样，马拉喀什和阿布扎比国际电影节丰富了该领域的大型盛会。马拉喀什国际电影节试图与西方和阿拉伯语电影业建立联系，阿布扎比国际电影节则希望与欧洲和亚洲电影业建立联系。

除了电影艺术家、导演、演员、记者和第七艺术（即电影艺

---

① 哈里·贝莱:《高端艺术市场》,《世界报》2012 年 5 月 1 日。

术）的其他钟情者在转移，这些新型的全球电影盛会的重要性正以不同方式彰显出来。2011 年在柏林国际电影节举办之际，其负责人与釜山和孟买电影节签署了合作协议。这一政策也在亚洲各种大型盛会中得到进一步发展，此类盛会正在形成网络，丰富了节目内容，拓展了市场，强化了明星体系。

这些例子证明了发生在我们这个时代的变迁，尤其是全球文化和娱乐消费市场的变化，这些变化还将加速。近半个世纪来，这个市场广泛集中于大西洋区域国家，然而它正在并且将继续向世界其他地区扩展：到 21 世纪中期，它将主要集中在亚洲区域。制造能力、发行能力及进入全球第一消费市场：该三部曲确定了全球文化新空间正在发生和即将发生的变化。

多样化是我们这个时代变迁的最大赢家，正在阳光下显现出来，它是现实的、建设性的并占主导地位。它从最远古文化遗产中吸取养分或展示其后代的最新作品，以肯定人类大家庭的多元性以及各流派表现世界的能力，无论是看得见的还是看不见的。

在下一章，我们将对世界各地区进行一次大考察，在分享资源和能力的新案例中，看一看政府和私人支持文化事业的新举措。

第三章

新旧文化大国

没有人否认一张新的世界经济、金融和贸易版图的存在，它是 20 世纪 90 年代出现的，此后不断强化。这张无疑还未完成的版图迅速得到世人的接受，它勾勒出一个多极世界一直未定的轮廓，因为创作能力、生产能力以及产品和服务的销售手段经历了一场全球范围内的重大变革。另外，至此仍处于边缘的国家和社会已经表示，他们决心抓住这个对其有利的历史机遇进行自我改变，以此为改变世界（包括文化方面）做出贡献。这些地域成为一个个新的文化极，并出现在 21 世纪之初新建的世界文化版图上。本章将着重介绍重建该版图的各种政策和投资。

西方

在现代和当代，由于西方操控着世界事务，文化领域一直是大西洋区域国家，尤其是欧洲老牌列强处于全球统治地位。毫无疑问，外来影响一直丰富着欧洲文化：来自美洲善良土著的影响，来自东方之光的影响，源自非洲形式和节奏的影响。哲学、人文科学、绘画艺术、雕塑、音乐、舞蹈和时尚，这一切都打上了一长串借用和掠夺的烙印，此类财富充斥西方博物馆。但是，就像当时官方文学和公共展览所证明的那样，如万国博览会，欧洲文化统治是绝对的、霸道的和傲慢的[①]，它是现代史和当代史的重要组成部分。

不过，20世纪欧洲内部破坏该大陆和世界的野蛮行径结束了对世界的这种看法和影响。1955年的万隆会议也要求结束欧洲对全球的殖民统治，结束他们在精神和物质上对人类半数以上人口的全面控制。

欧洲的统治结束后，接踵而来的是美国的主导，它覆盖了所有战略领域：全球治理、经贸、科技、安防以及文化和娱乐。这一交替包含了部分连续性，即美国例外论取代了欧洲的文明使命，但也包含了部分决裂。

美国的主导并非建立在以人类学和人种学为特色的欧洲统治的基础上，它并没能持续多久，在对被控疆土和民众实施的全面政治－军事管理中，这种主导地位未得到确认，而且它拥有与殖民统治时期完全不相干的技术手段。最后，如果说美国的经济主导地位是全球性的，其巨大的文化影响却未能在全球所有地区产生同样的冲击力。这些地区的特点、独特性和产品成为其长驱直入的障碍。我们尤其想到印度，在这个国家，美国影片远远落在

---

① 1901年至2013年期间颁发的诺贝尔文学奖中，有79次是颁给欧洲作家，6次颁给拉美作家，4次颁给非洲作家，12次颁给北美洲作家，5次颁给亚洲作家。偏见和不平衡是显而易见的。

该国影片的后面。我们还想到了中国和韩国以及其他一些国家的政策，即严格限制好莱坞影片进入本国领土的渠道。如果说关于文化多元性的辩论已在世界各地引起共鸣，它尤其在欧洲得到该领域一些专业人士的积极响应，实际上美国文化已在欧洲找到了一个可靠的扩张区域。毫无疑问，美国将征服全世界，但却不会拥有全世界。

这场辩论还涉及欧洲对其过去几个世纪统治过的各种文明产生的实际影响，以及近半个世纪来自美国的影响。有些人认为，这些影响微乎其微，只是表面上影响着被统治人民的民族习性；另一些人则断言，这些影响长时间地打乱并改变民族习性。然而，必须看到的是，文化、社会结构和语言已表现持久的韧性，在西方的这种漫长控制中，人类大家庭的精神和文化多元性已经幸存下来。

美国

在一部权威著作中，弗雷德里克·马特尔描述道，美国体制造成了"这种取悦于每个人的文化"。按照他的说法，美国文化一直是全球最具吸引力的。马特尔列举了这种主导地位的根基：形式、风格和传统具有广泛的基础，从最经典的文化产品到最大众化的娱乐内容；从联邦政府到州和市政府，从企业出资到众多基金会对文化投资；巨大的生产能力给构成美国社会并不断得到外来因素丰富的多元性腾出空间；该体制不仅得到各种公共政策（包括税务）的大力支持，也不断受到文化也是经济的组成部分这一理念的强化，并在国际贸易谈判中体现出来。

　　二战结束不久，美国仅用决定性的几年时间，就坐上了文化内容最大供给者的交椅并一直保持着这一地位，即便在欧洲也不例外。美国的文化出口比进口高5倍，在该领域的贸易一直是顺差。自现实世界与虚拟世界共处，现实人类与虚拟人类共享世界的悲情与希望以来，这一地位得到了巩固。美国文明的这一重要遗产导致欧洲作出反应，并推动联合国教科文组织在2005年几乎一致通过了《保护和促进文化表现形式多样性公约》。欧洲感到自己不再为争取权益而孤军奋战。这场多元化远征，促进并保护它的原则和政策规范化，用了不到10年的时间。此后，美国的文化影响似乎日益凸显，尤其在欧洲。美国或许抱有占领全世界的文化愿望，而且这一愿望已在西方实现。

欧洲

　　根据目前掌握的数据，2000年年底，欧盟在世界文化产品和服务贸易中一直占据着重要位置。欧盟成员国的国内和国际出口累计总额为45亿欧元，进口总额为30亿欧元，贸易顺差为15亿欧元。[1]欧洲文化部部长们估计，文化产业占欧洲GDP的4.5%，

---

① 欧盟委员会：《文化统计数字——2011年版》，布鲁塞尔，欧盟统计局，2011年。

并为欧洲大陆带来 800 万个就业岗位。[①]然而，这些数据反映出一种持续下降，按照欧盟分析人士的说法，它归因于信息和通信技术越来越广泛的使用。结构调整已损害或一直在损害欧洲大多数国家的经济，破坏了欧元区，导致这种形势日益恶化。这种疲软对文化领域产生了重要影响。在欧洲许多国家，用于文化的财政预算大幅削减，影响了机构网络建设、国家和地方投资以及对大型活动的补贴。[②]另外，文化和娱乐产品的增值税已提高，这使得某些生产厂家不得不限制产能，而另一些厂家则面临破产。

2010 年，欧洲理事会对这种形势作出如下概括："这些效应正好出现在危机之前，此后进一步强化。自 2008 年危机之初，依靠私人支持的文化机构和领域受到影响。因国家对文化的财政补贴大幅削减，从 2010 年开始，靠财政拨款的文化机构和领域遭遇相同境况……几乎整个欧洲的情况都是如此。中心问题涉及这种形势的持续性，也就是欧洲文化环境的持续变化。一些人认为，不会出现灾难性的变化……情况最终会好转。然而，随着时间的推移，恢复原状的希望越来越渺茫。危机是否证明，西方文明已进入一个决定性和关键性时期，即一个时期的终结？是否进入一个资本主义的某些构成要素，尤其是某些自由的和后现代的变异体的终结阶段？如果情况果真如此，就不再只是文化幸存的问题，而是要了解在当前的历史转变中，文化是否是一个参与者的

---

① 《文化确定欧洲意识》，《解放报》2014 年 5 月 23 日。

② 阿兰·伯弗－梅里、克拉里斯·法布勒：《遭受严峻考验的节庆》，《世界报》2013 年 7 月 3 日。

问题。"①米卢斯棉纺厂经理在下面的言辞中明确表达了同感："我们经历这个时代就如同经历一场海啸。我们知道，地震已经发生，也知道冲击波非常强烈。我们等待惊涛骇浪的来袭。"

西班牙的情况充分证明这一紧缩政策。②该国从 2010 年起，文化产品的增值税已从 5% 提高到 21%，而用于电影的预算压缩了 35%。有人已统计到 25% 的影院停业，损失 2000 个工作岗位，展览收入下降 28%。最后，著名的城市之光制片厂在一场轰动一时的破产案后关门。

当然，为应对目前的衰退，西班牙完全可以依靠全球的西班牙社区，近 5 亿讲西班牙语的人口，他们中越来越多的人进入美国；依靠本国的音像制作中心和大型文化盛会，例如全球最重要图书沙龙之一的国际图书展览会。

除了德国，几乎所有欧洲国家都遭受了如此劫难，没有一个国家能够保护本国的文化领域免受这场漫长危机的影响。艾玛·克莱顿－米勒草拟了一份清单：荷兰已压缩 25% 的国家文化预算，并解散了靠国家补贴的机构——斯科尔艺术与公共领域基金会；英国削减了三分之一的艺术委员会预算；法国不仅削减文化部 5% 的预算，还压缩了三分之二用于保护和开发公共艺术的预算。根据审计法院的一份报告，尽管此起彼伏的重组，法国域外文化网正"面临着过去 20 年司空见惯的资金减少及人力资源困境，相关工作人员稳步下降"，他们的"专业水平也不尽如人意"。

---

① 欧洲理事会：《文化与变革政策》，布鲁塞尔，文化看欧洲会议，2010 年 9 月。
② 艾玛·克莱顿－米勒：《在公共领域》，《华尔街日报》2012 年 12 月 6 日。

　　欧洲各地纷纷传来令人瞠目结舌的举动，如意大利博物馆馆长通过焚烧艺术品来抗议削减预算，东伦敦区市政厅则出售亨利·摩尔的一尊雕塑作品。"在经济衰退的这段时间里，我们被迫做出艰难选择，"卢图夫·拉赫曼区长解释说，"我们应保留这件美丽的雕塑，还是卖掉这件具有世界影响力的艺术品，以获得资金建设公共住宅，为年轻人制订规划，维护我们的社区安全？"

　　由于文化重点转向网络，加之欧洲在挖掘数字时代的潜力方面动作迟缓，导致这种局面进一步加剧。这种迟缓无疑是时间上的，但它同样也因为在制定共同文化政策上无能为力，欧洲的多种语言和文化是一大障碍，此外还因为新兴国家的崛起。整个欧洲（政府、公民社会和企业）必须重振昔日雄风，否则美国将主宰一切，包括文化。与美国相比，欧洲在利用股金和赞助方面略逊一筹。豪华的罗浮宫伊斯兰文化艺术馆的例子就很有说服力：如果说 20% 的投资是法国的，80% 的投资则来自沙特王子阿勒 - 瓦利德·本·塔拉勒、科威特埃米尔、摩洛哥国王和阿塞拜疆共和国总统。法国和欧洲的企业在哪儿？

　　国家当局，而非欧洲机构最终做出了反应。2013 年，英国以全球竞争日益加剧为由，彻底改建了其音像部门，将所有相关单位整合成一个单位。同年，法国公布了一项与数字时代文化政策相关的重大工作成果。在 80 项建议中，当涉及国家层面的调整时，数字转换得到高度重视，其重要性不言而喻。然而，欧洲却缺少一项宏观计划，即让法国作为欧洲引擎，去占领虚拟空间的庞大作业场。2014 年 2 月底，德国总理勾画出这一宏伟计划的轮廊，其中包括恢复欧洲在互联网上的地位，目标是让欧洲在数字技术上摆脱对美国的依赖，拥有虚拟时代的重要工具，尤其是对用户的精确定位，紧跟中国和美国，成为这一新时代的全球第三极，否则，每个欧洲国家都将陷入国家调整的泥潭。这种调整只要取决于法案和外部变化，就会无休无止地继续下去。因此，德国总理最近提到，欧洲需要有一个整体政策，使它能够掌握自己的数字命运，并在这一领域的全球技术竞争中拥有自己的位置。

在世界事务中，西方不再处于主导地位，而在过去 500 年里，它却一直保持着这一地位。当某些人谈及衰退时，另一些人则想在全球地缘政治的重组中，借助财富的转移和数字时代的全面到来，在虚拟世界拥有新的地位。新的世界分配和来自全球各地区的竞争，将不可避免地改变国际格局。因大西洋区域金融体制的机能障碍、2007 年至 2008 年袭击该区域的系统经济危机和该区域几乎所有国家公共财政状况恶化，这一整体波动近期进一步加剧，导致社会条件变糟和越来越多的人口贫困化。面对这种状况，有人提到了"一个没有增长的世界"①，在西方近半个世纪的经济文献中，这是一种史无前例的假设。

在目前的世界格局调整中，美国的力量不容置疑。这种力量更多来自它近几十年来获得的地位，而非来自对它未来保持这种优势的一致展望。在这种调整中，某些人期待欧洲能通过组建国家联盟形成一股力量，可欧洲却一直显得力不从心。经过剧烈动

---

① 《欢迎来到没有增长的世界》,《拓展》第 790 期，2013 年 12 月 ~ 2014 年 1 月合刊。

荡漫长的结构调整后，欧洲未能恢复元气，也没有办法保证其联邦架构，让欧洲在世界事务中继续发挥历史上的影响力。这些研究报告列举了一系列后果，即欧洲在世界广阔空间中的影响力日益衰减，包括公共政治模式、国际准则和在此被视为世界代表和价值体系的新文化，提供文化产品的服务和生产。下个世纪，它的情况又会如何？还会有哪些历史口口相传？还有哪些文化宏图会展现出来？

俄罗斯联邦

苏联解体引起了地缘政治的一次强震，其影响仍在延续，典型的例子是，25 年后，乌克兰在欧盟和俄罗斯联邦之间举棋不定。苏联解体主要是因为中欧和东欧民众大规模反现体制行动所致，他们要求另一种权利和自由的制度。苏联解体标志着冷战结束，20 世纪下半叶一直主导国际政治的意识形态分裂也因此告终。中亚和东欧建立起 15 个国家后，打破了力量关系的平衡，从此，这些国家可以自由恢复民族身份和文化。

1991 年 12 月 25 日，戈尔巴乔夫承认已无力掌控其签署的改革政策，将政权拱手让给对手叶利钦①，把苏联成员国联结在一起的所有经济、军事和文化协定顿时化为乌有。在列宁 1917 年创建的联盟的废墟上，一个新的俄罗斯诞生了。其领导人首先致力于对二战后的政策进行调整，同时实行由最高权力控制并全面参与

---

① 阿尔奇·布朗：《改变世界的七年：改革展望》，牛津大学出版社，2007 年。

的市场经济，实施私有化政策，这既是苏维埃经济体制彻底失败的产物，也是国际新格局的结果。[①]一心想维持对国家事务的掌控，又不得不全面参与市场经济，俄罗斯寡头政治在这种矛盾中应运而生，并根据自己的利益对这些重大活动进行改变。有人说，这是国家接受新的政治经济制度的代价。在此期间，俄罗斯的力量正在减弱，尤其是在文化和语言领域。

普京在 2000 年上台执政后，结束了这种模棱两可的局面。当时，俄罗斯正在恢复其古老的雄心（语言和文化等），希望在全球提升其辐射力和影响力。难道俄罗斯不是柴可夫斯基、柯萨可夫、拉赫马尼诺夫、普希金、列夫·托尔斯泰、曼德尔斯塔姆、康丁斯基等世界级音乐家、艺术家和作家的祖国吗？难道它没有无与伦比的文化遗产吗？在现代和当代，其魅力遍及全世界。莫斯科的国家大剧院和圣彼得堡的马林斯基剧院当时正经历着漫长的翻新，特列季亚科夫美术馆和世界最著名博物馆之一的艾尔米塔什博物馆正在全面进行建筑和馆藏翻新工程。俄罗斯少数民族的文化贡献再次提升。俄语难道不是世界上使用最广泛的语言之一吗？它既是 2 亿多人的母语，又是世界各地广泛使用的语言。

俄罗斯拥有庞大的侨民群，其中包括数百万其他民族的准俄罗斯人，他们生活在 20 来个国家。在这些国家，俄语具有官方语

---

① 塞德里克·迪朗：《俄罗斯的私有化与寡头资本主义的诞生》，《国际研究》第 74 卷，2005 年 7 ~ 9 月号，第 33 ~ 50 页。

言、不同民族间的交流语言或少数民族语言地位。①即便没有地位，俄语也依然存在，因为在中亚地区、高加索地区和波罗的海沿岸的前苏联加盟共和国，至少 60% 的人讲俄语。1989 年的重大事件后，尽管俄语的使用率在持续下降，但在上述大部分国家，这一语言广泛用于教育系统，包括大学。此外，有 600 万德国人、20% 的以色列人及美国和亚洲多个少数民族讲俄语。

俄罗斯新政府整理了一份有关国内外语言和文化形势的资料后，通过了一项被称为"复兴"的重大决策，全力支持国外的俄语群体。

该政策给分布在全球 80 个俄罗斯文化中心以及一直采用俄语教学的大学和中小学配置新的资源，还推动了今日俄罗斯电视台（即 RT）的创建。该电视台已牢牢立足于世界电视台之林，新闻由俄罗斯国家通讯社——俄新社提供，最初主频道用俄语播音，2007 年增加阿拉伯语频道，2008 年增加西班牙语频道，2010 年增加英语播音。2011 年，该台创建了一个新闻纪录频道。由于画面规格更适合社交网络而非电视屏幕，加之采用了最先进的技术，俄罗斯国际电视频道节目有别于其他国际电视频道，它贴近民众，不做任何掩饰，维护俄罗斯政府的利益和观点并进行传播，并利用台长的关系，让一些在其他电视台无法出现的名人有机会露面。该电视台致力于让它在世界上传递的信息有别于西方网络。美国等西方国家常常成为其专栏编辑和嘉宾的靶子，这一选择似乎得

---

① 如在白俄罗斯、摩尔多瓦、哈萨克斯坦、吉尔吉斯斯坦、乌兹别克斯坦、土库曼斯坦和乌克兰。

到今日俄罗斯电视台在全球数亿观众的好评，他们喜欢把新闻与连续上演的剧目结接起来的形式。

2007 年 7 月，普京总统签署命令，创建"俄罗斯世界"基金会，它在国内外的行动目标是增加俄语著作的翻译计划，通过使用远程多语种教学系统，充实俄罗斯语言、历史和哲学的传播。该基金会还负责宣传国家变化、支持国外俄语媒体和网站，每年针对学习俄语的国际学生举办奥林匹克俄罗斯语言和文学竞赛。

2011 年，时任总统的梅德韦杰夫启动了一项支持在国外兴建俄语学校的重大计划，这被认为是斯大林倡导的俄罗斯语言帝国主义的第二阶段。就在二战结束后不久，斯大林不是曾宣布俄罗斯语言将作为国际社会主义理想大家庭成员国的统一语言吗？

俄罗斯今天不再有这种全球视野，但却未放弃扩大该国语言和文化在全世界的影响力。毫无疑问，其国家发力是最近的事，现在评估其结果为时尚早。自普京时代开启以来，该国文化部的确重新成为一个重要角色，并在新闻、电影、音乐、舞蹈和文化遗产保护方面占有举足轻重的地位。现在，私营部门也被要求支持由普京政府推行的国家文化政策，尤其是涉及民族传统和国家的历史遗产。在 2006 年第二个五年规划之初推出的"俄罗斯文化"纲要，充分表明了用于支持这一政策的重要手段。

以电影领域为例。2003 年，一个致力于电影文化的联邦机构呱呱坠地，其使命是监督该领域的投资去向。大型制片厂、发行网络和放映厅大部分由国家收回并修复，在叶利钦时代，为大幅削减公共体系，这些机构已经私有化。现在，俄罗斯电影业逐渐恢复活力，电影产量和观众均在增加，影像市场日益扩大，俄罗斯电影重返国际市场，如提莫·贝克曼贝托夫的《守夜人》、曾于2003年在威尼斯荣获著名金狮奖的电影艺术家安德烈·萨金塞夫的《归来》。生产合同与日俱增，国际制片商已表现出对俄罗斯市场的兴趣。由电影艺术家亚历山大·索科洛夫与法国和德国联合摄制的《亚历山大》、与德国联合摄制的《蒙古王》、与英国合拍的《托尔斯托：最后的秋天》，分别于2007年、2008年和2010年重返奥斯卡。在俄罗斯联邦电影基金的支持下，一些专为俄罗斯电影创建的节庆活动纷至沓来，如柏林俄罗斯电影节、巴黎俄罗斯电影节、伦敦和多伦多俄罗斯电影节以及纽约俄罗斯电影周。①

　　这一公共文化政策（尤其是电影政策）目前已进行彻底修改。俄罗斯文化部宣布希望结束国家电影规划国际部分的活动，并废止自2010年以来签署的联合摄制协议，今后，重点将放在开拓俄罗斯电影在国内的市场，2011年该市场一直由美国电影统治。俄罗斯文化部部长弗拉基米尔·梅金斯基认为，这种局面非常可悲，他提出中国和法国的配额政策非常符合俄罗斯，并宣布，现在必须更坚定地拍摄歌颂俄罗斯历史、热爱这个国家及其机构，包括军队的影片。在互联网时代，这种选择是极其危险的！

　　信息技术在俄罗斯社会的应用是最近的事，它是普京总统2000年上台执政后俄重振政策的重要内容。让俄罗斯加入二十国（这些国家均成功进入信息社会）俱乐部的目标就是当时确定的，

① 瓦西里·克里门托夫：《今日俄罗斯，俄罗斯的形象软实力》，《全球》2013年7月3日。

此后不断强化，并写入了《信息社会 2011 ～ 2020》联邦纲要。由于日积月累的延误，电信服务老化，信息网络所需的基础设施严重不足，俄罗斯当时就雄心勃勃，其结果更超过预期。

2015 年，俄罗斯有 8000 万网民，占总人口的 60%，在该领域位列欧洲国家前列，移动终端市场是欧洲大陆最大的。这些成果得益于一项旨在提升该国通信技术的强大国策。在不到 10 年的时间里，高标准的基础设施在一半以上的辽阔国土拔地而起。在线服务从大量私营和公共运营商的投资和竞争中受益，其中包括俄罗斯电信公司、维佩尔通信公司、MegaFon、Beeline、ERTelecom 和移动通信公司。在一大批服务项目中，有搜索引擎 Yandex，它是俄罗斯网民的首选，并逐步吸引了三分之二的国内用户；2012 年，社交网站 VKontakte 的国内用户达到 2500 万，是其主要竞争对手 Facebook 用户的 2 倍；由 Mail.ru 公司创建的 Twitter 俄罗斯版主导着国内市场。此外，固定电话系统已经由日益坐大的移动电话取代，后者也是连接互联网的最重要途径。2011 年，该领域的各家公司已实现资源共享，并着手在俄罗斯全境打造最新一代的电信网络。①

在国内方面，《信息社会 2011 ～ 2020》纲要的远景规划正在稳步实现。至于国际竞争，俄罗斯和它在该领域的企业已准备就绪。为了实现宏伟蓝图，俄罗斯尤其要依靠搜索引擎 Yandex 及其门户网站，毫无疑问，这是俄罗斯实现地区乃至国际扩张最大的

---

① 《俄罗斯电信报道》，《研究与市场》，2012 年。网址：http://www.researchandmarkets. com/research/qfc2rg/russia。

资源。

搜索引擎 Yandex 已经在认可俄语地位的所有国家推广。
2011 年，土耳其网民也用上了该搜索引擎。按照 Yandex 公司首
席执行官阿卡迪·沃罗兹制定的拓展战略，未来该引擎还将提供给
其他国家的网民群。别的重要创举已付诸实施：与三星公司签署
合作协议，今后该公司在独联体国家销售的移动电话中将安装搜
索引擎 Yandex；分别与诺基亚、三星、HTC 和微软签署协议，
旨在让俄语搜索引擎成为使用 Windows Phone 探索者系统手机的
默认搜索引擎。这一攻势得益于重大投资，斯科尔科沃创新中心
因此获得 150 亿美元，用于激励创新研发并支持在全球拓展进入
搜索引擎的通道。俄罗斯经济发展部部长在宣布这项支持计划时，
明确提到了这种拓展。

在一份详细分析中，记者多维雷·德弗莱提到了大型搜索引
擎在全球的分布：谷歌是在西半球，中国的百度引擎和俄罗斯的
Yandex 网站则是在其他疆域，尤其是在它们附近地区。[1]报告表
明，2000 年以来，仅俄罗斯在信息技术方面取得的成绩就令人印
象深刻。毫无疑问，未来任重道远，但该国与世界的差距已大大
缩短，可以适当考虑让某些成果进行国际扩展。

① 多维雷·德弗莱：《面对新技术挑战的俄罗斯》，《全球》2012 年 6 月 13 日。

亚洲

到 21 世纪中期，全球 55.3% 的人口，即 53 亿，将生活在亚洲，与 2010 年相比将增加 10 亿人口。亚洲包括全球人口最多的两个国家：印度和中国。它们将分别达到 17 亿和 13 亿人口，即全球人口的三分之一，亚洲人口的 60%，这还不包括它们各自的侨民——世界上人数最多的侨民群。同一时期，大西洋地区将有12 亿人口，其中 4.46 亿生活在北美洲，7.19 亿生活在欧洲，包括俄罗斯，相当于全球人口的 12.8%。

根据现有数据，届时亚洲将是全球的经济引擎。2012 年至2050 年，其占全球 GDP 的份额将翻一番，从 25% 增加到 50%。所有预测都表明，亚洲中产阶级将持续扩大。据世界银行透露，全球中产阶级人口将从 2009 年的 18 亿上升到 2050 年的 50 亿，其中三分之二（即 34 亿人）生活在亚洲。在一份引起全球关注的研究报告中，经济学家霍米·卡拉斯[1]断言，亚洲的中产阶级"对民主和消费的渴望将强有力地打破世界秩序"。他们还将构成世界最重要的文化和娱乐市场。该市场是否会一体化？现有数据倾向于肯定的回答。该市场可能构成两大区域，第一个将由中国主导，包括东南亚国家联盟成员国和观察员国，它们均将中国视为主要客源；第二个将由印度主导，包括大部分南亚国家，它们中大部

---

[1] 布鲁金斯学会的高级研究员，并担任全球经济与发展计划项目的副主任。

分国家将印度视为主要客源。在这两大地区之间，已经有了走廊，其中最重要的是印度电影。

亚洲还将在全球虚拟空间占有举足轻重的份额。21世纪头10年中期，该大陆有20亿网民，而美洲和欧洲（包括俄罗斯）为13亿，亚洲的增长潜力在150%左右，而美洲和欧洲的增长潜力只有25%。我们可以估计，到21世纪中期，亚洲网民人数将超过50亿。

这些便是始于20世纪末的财富转移和普遍掌握虚拟世界各种潜力的一些结果，它对文化产品的性质和内容，对销售及推广具有或将产生决定性影响。世界文化市场将因此发生深刻变化，所以发展公共政策、增加内容生产领域的私人投资，构建亚洲文化和娱乐市场十分重要。

在日本、韩国、中国香港地区和新加坡已十分出色的表现中，还要加上中国希望全面占领该领域的愿望以及印度当局希望在该领域实现现代化，发展适合本国国情的产品供给体系，正如我们即将看到的那样。作品畅销全球并被译成世界所有大语种的日本作家村上春树认为，这种热闹场面尤其带来"东亚文化区的发展，该区域正在成为一个繁荣且稳定的市场。如果说仍然存在着几个问题，则不包括音乐、文学、电影和电视节目，它们在区域内原则上是自由和公平交换的，这让许多人能够获得并享用。这是一个了不起的成就"[1]。中国和印度当局的愿望得益于它们在世界事

---

[1] 《朝日新闻》和村上春树：《村上春树对国家疯狂》，《国际信使》2012年10月11～17日。

务（无论是现实的还是虚拟的）中的新地位，新加坡公共政策学院院长马凯硕将其称为"全球权力不可逆转地转向东方"①。

他补充说："西方的崛起已经改变世界。亚洲的崛起将带来同样重要的改变……它对世界将是大有益处的。数亿人口将脱离贫困。中国的现代化已经将生活在赤贫中的 6 亿中国人减少至 2 亿。同样，印度的经济增长对大部分人的生活水平具有明显的积极作用……我们应该为生活在一个崭新的世界里做好准备。"②

这个崭新的世界包括文化和娱乐，它们是目前全面重建的一部分并将持续数十年。这里，尤其要提到亚洲两个大国在进口西方音像和电影产品方面采取的限制性措施，它们彼此都希望生产属于文化和娱乐的各种内容，还希望培育庞大的国内市场并牢牢抓住它们在国际市场的份额。这个新世界包括非洲大陆和拉美的大部分地区，这些地方今后将与亚洲大国，尤其是中国保持密切关系。

在重新回到与文化产品和服务生产有关的问题前，让我们先探究一下这个新世界的构成要素。

接下来的叙述将借用三位亚洲思想家的观点，他们来自不同国家：新加坡外交官、亚洲最具影响力学者之一的马凯硕；印度外交官、后为政府部长的 K. 纳特瓦尔·辛格；中国著名知识分子张维为，他非常了解本国政治，曾做过邓小平和中国其他领导人的翻译。

---

① 马凯硕：《新的亚洲半球》，纽约，公务出版社，2008 年。
② 同上。

　　三位见证人都有一个共同点，即对西方有深入了解且有亲身经历。他们也是亚洲的骄傲，他们对世界现状的看法与亚洲正发生的变化紧密相关。对这三人来说，了解正在出现的新世界，就是要意识到亚洲从此在世界舞台上占据的优势地位；还要懂得亚洲为现代文明做出了多大的贡献，完成了多么复杂的任务；最后是认可它的成功实践，并将其收入国际社会的共同辞典中。

　　在马凯硕看来，这一变化要求世界领导人彻底改变思维方式，尤其是大西洋区域的领导人。他们一直停滞在过去，不太想或无法设想改变他们对国际关系看法。然而，亚洲、非洲和拉美的56亿人口生活在大西洋区域以外，他们再也不会接受西方资本以他们的名义做出的决定。

　　在张维为看来，中国已经从西方学到了很多东西，而且"出于自身利益"将一如既往地学习。但对西方来说，"解放思想"（按照邓小平的说法），学习中国经验和想法的时刻或许已经到来，尽管他们对这些东西似乎有些陌生。这种解放将有助于丰富世界的集体智慧，成为迎接时代挑战所必不可少的东西，从消除贫困到创造就业，从气候变化带来的问题到文明之间的冲突，都离不开它。

　　按照我们三位见证者的说法，承认亚洲的成功实践以及它在国际社会中的应用，并不意味着抛弃西方的价值观。张维为断言，中国已向西方学到很多东西；K.纳特瓦尔·辛格则提醒道，印度已经选择在欧洲－大西洋区域得到发展的民主政府，因此具有一种普遍特征；马凯硕则更加明确地说，绝大部分"渴望繁荣"的社会更愿意与西方共事，采纳其成功经验，包括对民主标准、法治国家和社会公正的认同。他认为，亚洲人希望这些标准在国际层面实施。不过，这种愿望应是双向的，西方必须考虑世界其他地区积累的成功经验。简而言之，思想和知识潮流应吸收世界所有地区（包括亚洲）取得的经验，民主的价值应是国际性的。

在原则的背后，隐藏着一场关于国家和私营经济领域角色问题的重大战役。这场中西观念之争虽趋向缓和，却是决定性的，是世界银行和中国国务院发展研究中心之间唯一重要的对话主题。

最后，我们还应将历史现阶段的一种反常现象纳入新的世界观：如果说西方未成功输出民主，却成功"让世界民主化"。按照马凯硕的说法：

"民主最重要的目的之一是让公民深信他们是自己命运的主宰。然而，世界上分享这一信念的人数从未达到如此之多，包括中国和印度。总之，必须看到人类精神的这种大规模普及。西方应庆贺这种变化，而不是满足于仅仅评估有多少国家实行投票。然而，这种变化的明显结果引起人们对世界非民主秩序的质疑。"那么，这种秩序是什么呢？马凯硕引用了塞缪尔·亨廷顿的一段话来说明它[1]：

"非西方文明的人民和政府不再是历史的客体……今后，他们和西方一起，成为历史的主体和动力。但是西方利用国际机构、军事权力和经济力量维护其优势，保护其利益，推行其政治和经济价值。"

---

① 塞缪尔·亨廷顿：《文明的冲突》，巴黎，奥黛丽雅各出版社，1997 年。

这位新加坡外交官总结说："他说得有道理。世界其他地区已经意识到，如果这一地位仍将持续，必将带来灾难。"

因此，对西方来说，在世界事务中维持其全球统治地位是不可能的，因为权力已经不可逆转地转向东方。

至于民主，国家机构应将它纳入某些实践，包括司法体制的透明、独立及对消费者的保护。国际机构（尤其是联合国）也应体现其价值，为亚洲国家的和平崛起提供便利，这意味着大幅降低西方的影响力。联合国应对拥有实权的安理会进行革新，目前它被五个拥有否决权的国家所掌握，它所体现的世界仍是 20 世纪中期的世界。对世界银行和国际货币基金组织也有类似批评，按照根深蒂固的传统，其领导人分别是一名欧洲人和一名美国人。

国际公法必须适用于所有国家。它们中的任何国家，无论大小，都要承认和遵守属于世界所有国家的共同法律规则。

最后，国际社会的公正需要对有关发展的政策进行一次全面修改。我们的观察家发现，西方的援助发展政策没有取得令人信服的成果。他们指出，亚洲国家已大幅降低了赤贫人口的比例，改变了 7.5 亿人口的生活，世界各地区都应该学习这种卓有成效的方式，并提议东西方之间建立新型的伙伴关系。

以上是我们三位著名见证者分析的世界变化及其后果。他们从亚洲的现状中得到启示，对西方文明做出了重要的评价，从而提出重建人类两大区域之间的关系。这些建议同样勾画出世界文化的远景和文化融合的框架，拒绝一些人对另一些人的统治，实现国际生活的民主化，关注精神和文化的特性和传承，承认成功的经验，无论它们来自哪里。

　　文化和娱乐领域正在发生的一些变化强化了我们的观察家观点，至少是一部分，因为它让人们能够隐约看到一个崭新的世界。如同我们前面提到的那样，这些变化有助于全球音像产品的多元化，终结垄断，甚至结束西方对世界大事报道和解释的主导地位。它同样有助于增加西方区域外的国际文化机构和盛会，丰富全球范围内的文化服务产品，也有利于昨天还限于西方的艺术市场的国际化。近年来，这一市场已扩展到全球其他地区，并为全世界创作者，尤其是亚洲和阿拉伯语世界创作者得到国际认可做出了贡献。这三个例子指出了正在发生的变化的原因：对文化领域及其各组成部分的明显关注；确信能够应对竞争，即便是西方大集团公司；非西方文化产品的理想市场已在国内、地区和国际形成；拥有实现这些利益的资金、技术和专业能力；政府和私营部门做出了投资决定。

　　因缺少可靠的统计数据，不可能准确说出亚洲国家和私人在本大陆以及全球文化产品和服务生产领域的整个投资。它们显然处于强劲增长中。该领域和其他许多领域一样，国际统计工具由西方设计并为其所用，还未对全球性的财富转移产生的影响做出评估。要了解正在变化的规模，只能依靠有关新设施的资料，按照《美术杂志》工作人员朱莉·德斯内的说法，这些资料有时让人目眩，如中国希望到 2020 年，其博物馆数量翻一番，即达到7000 家。2011 年，由于国家和私人大量投资，中国新建博物馆300 多座，有的是扩大，有的是翻新。我们还必须依靠对培育文化服务所付代价的粗略评估，和创造文化财富的有限数据，才能对相关投资规模有一个概念。

　　某些国家拥有极重要的国家统计数据，如新加坡、韩国和日本。我们也有涉及中国和印度的一些数据，之前已进行过分析。新加坡有 53 座博物馆、720 家文化公司，一年的活动达 3.38 万项（2011 年），这意味着 10 年间增长 50%。该国领导人试图将这座城市打造成一个国际文化目的地。他们毫不犹豫地将新建的国家美术馆与巴黎奥赛博物馆和伦敦泰特美术馆相提并论。2005 年至 2010 年，该国政府对文化的资金投资翻了一番，其中 48% 用于支持创作，20% 用于艺术家和创作人员的国际交流。[①]

中国

　　在文化和娱乐方面，中国从遥远的地方走来，因为其著名的"文化大革命"似乎近在眼前又远在天边。然而，中国已坚定地迈入这些领域，希望在大国圈里博弈，这有何不妥？长期以来，中国一直跻身世界文化大国之列。直到 20 世纪 90 年代初，中国文化才摆脱此前半个世纪来令其窒息的意识形态束缚。在厉无畏的《创意改变中国》一书引言中，被迈克尔·基恩形容为"国有化"

[①] 新加坡通信和信息部：《2011 年新加坡文化统计》，新加坡，新闻发布会，2011 年 7 月 18 日。 网 址：http://www.mci.gov.sg/content/mci_corp/web/mci/pressroom/ categories/ press_releases/2011/press_release_on_the_singapore_cultural_statistics_201 1.html。

的跨越正有条不紊地实现，它最终将与邓小平在 1978 年发起的伟大经济改革实现对接。①

　　中国已经意识到文化和娱乐在经济增长和经济发展中的重要性。这一点已在 2003 年的文化体制改革中体现出来，改革在非营利性文化项目和该领域私营经济及私募基金的工商活动之间形成差别。2009 年，文化产业实现了 23% 的年均增长率，占该国 GDP 的近 3%（在某些城市区域高达 12%），因此文化已被视为国内经济的战略领域之一。中国的既定目标是，2016 年文化提升至该国 GDP 的 5%。届时，中国将改变面貌，世界将与之同行。

　　在音像领域，短短 20 年，中国的体制已经从最严格的国家统制经济转变为一股融入公共权力的巨大神奇力量。在不放弃监管职能的前提下，承认私营部门和私人利益的重要性，控制着实力雄厚的企业集团。这些领域从巨大的财政支持中受益。最后是计划干预，昨天它仍限于一个牢牢封闭的国内市场，今后将成为一个更开放的国内市场以及更宽阔的国际市场。毫无疑问，影院系统管理、影片生产和发行一直由国家公司主导，包括中国电影集团和上海传媒集团。但私营部门奋起直追，占据的位置日益扩大，如北京新画面影业有限公司、光线影业有限公司和华谊兄弟公司。此外，中国国内市场对该领域的外国企业一直是部分关闭，进口其产品一直受到严格的政策限制。这些限制并未妨碍达成多项交流协议，也未妨碍联合摄制影片及大量采购国外电视节目。2010

---

① 查建英：《中国波普：肥皂剧、小报和畅销书如何改变一种文化》，纽约，新出版社，1996 年。

年上海传媒集团与 40 来个国际合作伙伴实现合作，以丰富其专业
频道的电视节目。

　　中国继续追求两个目标：改变地方节目供给现状，使之实现
现代化；满足中国观众的期待，在文化经济的广阔天地占据重要
位置。该领域已成为经济增长引擎、就业岗位的供应者，国际贸
易的重要组成部分。中国还将把文化产业纳入国家的生产布局中，
在全球文化空间占据自己的位置，最先进的技术与最新的创意将
在这里结合。简而言之，国内刚需、经济宏愿和提升国家"软实
力"的方向，将使中国能以和平方式提升自己在世界的影响力。
这一变化正在进行中。因此，在与之相关的建设和服务领域，中
国已成为无可争议的世界领袖。2003 年，该领域的十大企业名单
中没有一家是中国企业，而在 2012 年，该名单上已有五家中国企
业，其中三家名列前茅。①中国还试图成为信息和通信技术、文化
和娱乐领域的领头羊，之前提到的例子已经证明。②为此，它拥有
的原动力并非无足轻重。中国的出版业既广泛又多样化，自 2002
年重组以来实现了快速增长，作品、报纸及综合类和专业类期刊
的电子版日益丰富多彩，跻身世界前列。根据联合国教科文组织
的一份研究，2007 年以来，中国成为世界第三大电影生产国，仅
次于印度和美国。③

---

① 《数字亮点》，《经济学人》2012 年 10 月 27 日。
② 同 39 页注①。
③ 查尔斯·R. 阿克兰：《从国际超产到国家成就：对联合国教科文组织统计学院就
　故事片统计进行调查的分析》，《联合国教科文组织统计学院新闻简报》第 8 期，
　2012 年 2 月，第 8 页。

谨慎却坚定，政治报告展示出美好的愿景，如同中国经济领域发生的变化一样，它将迅速发展，中国有必要的手段，也有成功的愿望。

2001年和2002年，中国为举办2008年夏季奥运会和2010年世界博览会分别递交申请，释放出一些信号，表明了中国政府为在世界事务中占据新位置的坚定决心。中国对这两次大型国际盛会（之间仅间隔两年）的选择，是对这种新地位的一种认可。中国不再只是简单的世界加工厂和全球贸易的引擎，而是国际社会大型盛会的举办地。

具有戏剧性的是，这两次大型国际盛会象征性地使中国重新回到世界的中心，在中国当局看来，这认可了中国在国际社会的地位。这些盛会能够让中国将历史深度、不可否认的现代特色、技术能力和文化自信结合起来，向世界展示自我。全世界47亿电视观众在同一时间观看北京奥运会，上千万人在移动屏幕上查阅田径运动员的比赛成绩，这在历史上还是首次。7500万参观者跨过了上海世博会门槛，而浏览上海世博会网站的人数更是达到上述人数的5倍。中国及其人民所经历的这两次大型盛会被视为其伟大愿望的成功实现。

万达集团

中国万达集团的文化活动验证了这些雄心。作为全球第二大地产商，该集团的资产估值达500亿美元，这些财富是通过建设驰名遐迩的万达广场、超现代化迷你城等获得的。该集团进入文化和娱乐领域十分壮观：在大连创建世界最大的音像产品制作公司，创办国际电影节，在武汉市开发一个庞大的娱乐综合体，上演一系列介绍中国历史史诗的剧目。曾规划北京奥林匹克体育场蓝图的英国建筑师马克·费舍尔和长期与太阳马戏团合作的比利时设计师佛朗哥·德拉戈均为这一宏伟计划的合作伙伴。

万达集团不仅在中国拥有众多剧场，还于 2012 年以 28 亿美元的价格收购了美国 AMC 娱乐公司。这是中国企业在美国市场的最大收购项目，有趣的是该收购案涉及文化和娱乐领域，万达因此，万达成为世界上拥有影院最多的公司，今后它在中国的影院网络还要加上 5325 家美国影院和众多在加拿大、英国、法国、西班牙的影院，它们均属于 AMC 娱乐公司。集团老板王健林并不掩饰他希望与行业大佬们进行竞争的想法，如迪士尼和新闻集团。①为此，他准备了 300 亿美元用于中国以外文化领域的收购和投资，还与好莱坞 5 家最重要的制片公司谈判，旨在设立一个制作基金。2016 年，王健林在美国进行了第二项收购，成为传奇影业公司的拥有者和世界最大电影制作公司的经营者。王健林了解中国传媒和娱乐市场的增长预期，即 2010 年至 2015 年，年增长率将达到17%。如果这些预期兑现，到 2020 年，中国在电影领域将坐上全球票房的第一把交椅，排名在美国之前。在迄今为止每年上映美国新片不足 40 部的中国，这项投资和美国影片进入中国市场会有什么长远影响呢？

① 大卫·惠特福德：《解密中国最富有的人之一》，《财富》2013 年 6 月 10 日。

摄制、占领国内市场和拥有占领国际市场的手段，这些便是万达集团董事长的目标，他在与 AMC 娱乐公司签署收购协议时宣布：

"我以集团 6 万名同事的名义，感谢你们的光临。我们的集团是中国私营企业的一个榜样。我们每个人都知道，在中国体制中有两个部分。第一部分由国企组成；第二部分是私企组成。近年来，私企经历了快速增长。2011 年，它对 GDP 的贡献率达到55%，税收贡献超过 50%，创造了 80% 的就业岗位。在所有领域，私营领域成为中国经济的主力军。

"我们许多公司已在中国成功实现跨地区经营，它们有信心，也有能力得到全球认可，万达是它们中的一员。最近 5 年，我们的增长率达到 40%……2012 年，我们的总收入达到 450 亿美元。由于这种快速增长，除了在中国保持发展，我们已规划了全球战略目标。收购 AMC 娱乐公司是朝这一方向迈出的一步……

"一个前提条件使我们有别于之前的股东。我们收购 AMC 娱乐公司，永远不会卖掉它。我们要增加在世界的规模……在北美，还有南美洲、欧洲和印度。未来 10 年，我们想在美国投资 100 亿美元，另有 100 亿美元将投到我们的其他业务领域，即商务中心和酒店……从现在起到 2020 年，我们立志成为一个跨国企业，让所有的人都认识它或重新认识它。这便是我们的战略目标……我们还要成为内容生产的参与者，因为我们是合资企业，有巨大的生产基金。"①

然而，万达集团在中国面临着竞争。中国电视、电影摄制及传媒业领头羊之一的华谊兄弟私营集团已在上海附近创建了华谊兄弟文化城：该文化城是东亚最大的电视、电影摄制联合体。

2005 年以来，中国动画产业的年增长率达到 30%，该领域的中国企业在国际上取得的成就与日俱增。作为行业龙头企业和中国五百强企业俱乐部成员，2010 年浙江中南集团的客户已遍及 63 个国家。②2011 年，中国指数研究院估计，中国音像产品在本国以外地区的销售额达到 68 亿美元。

在信息和电信领域，许多中国企业同样也突破了国际市场，它们先是占领中国国内市场，接下来是保持增长，之后进入亚洲和世界市场。华为技术有限公司是该领域的全球第二大供应商，公司 2011 年的销售额超过 300 亿美元。目前，该公司已进入全球 140 个国家，2005 年以来公司的国际合同额已超过国内销售额。③而中国个人电脑巨人联想集团已占据世界第二的位置，仅次于美国惠普公司，位列戴尔公司之前。在新产品销售方面，该公司紧随三星和中国公司宇龙，其中智能手机、游戏机和触摸平板电脑

① 亚历克斯·本·布洛克：《中国万达集团表示，将花数百亿美元投资娱乐》，《好莱坞报道》2012 年 9 月 4 日。网址：www.hollywoodreporter.com/news/china-wanda-group-amc-theatres-renovations-367774。

② 潘雪莉：《动漫创作：杭州首屈一指》，《香港经贸研究》2009 年 7 月 3 日。网址：economists-pick-research.hktdc.com/business-news/article/international-Market-News/Animation-creation-Hangzhou-is-tops/imn/en/1/1X000000/1X05ZNU9.htm。

③ 林典蔚：《华为成中国最大软件公司》，台湾英文《旺报》2011 年 6 月 25 日。

在中国的 5.5 万个网点销售。2013 年，该公司智能手机销量一跃上升 131%。目前，该公司有 7.5 亿国内顾客，业务已扩展至东南亚、俄罗斯和中亚。公司通过收购包括 IBM 电脑公司、德国麦迪龙集团、巴西 CCE 公司和日本夏普集团，在国际化道路上阔步向前。法国周刊《拓展》2013 年 6 月综合大量专家的意见后，发表了题为《联想，"准备吞并世界"》[1]的文章。

上海传媒集团

上海电视台和上海电台合并后，于 2002 年创建的上海文化广播影视集团在短短 10 年间，成为中国音像领域的巨人之一，其辐射力已覆盖国内和国际。董事长黎瑞刚的雄心壮志是，将上海文化广播影视集团打造成中国和世界一流的传媒集团。

2011 年，该集团将业务扩展到音乐、电视、电影、出版和体育。从此，它将承担起众多艺术家的职业管理，重大活动、剧目和音乐电视节目的制作。该集团还摄制故事片、系列片、纪录片和动画片节目，拥有国内两家主要电影制片厂中的一个，出版一份日报、一份财经周刊，以及影视专业杂志，管理足球、篮球和排球等五支运动队。

集团的发行覆盖面极广，有近 50 个广播电台、10 个模拟电视频道和 90 个数字频道、1 个电影频道、多个门户网站（其中有的是中国最著名的）、1 家面向国际的发行公司及大量影剧院和体

---

① 埃马纽埃尔·帕克特：《联想，"准备吞并世界"》，《拓展》2013 年 6 月，第 78 页。

育场馆。2009 年，该集团获准启动一项庞大的融合计划，涉及电视、互联网和移动端。这将是一个真正的帝国！

这个"帝国"已连接亚洲地区市场和国际市场。实际上，最近 10 年，该集团的技术合作协议（与阿尔卡特、英特尔和微软）以及与国外服务和节目供应商（澳大利亚和美国专业频道，特别是 NBC、发现、国家地理和迪士尼）的协议成倍增长。上海文化广播影视集团还与迪士尼和日本东映株式会社携手，联合摄制故事片；与韩国 CJ Mall 联手，推出中国最重要的电视购物频道；还与 NBA、美国职棒大联盟、国际足联签署协议，确保其能够获得大型体育赛事报道，这在亚洲是独一无二的。

此类协议不但为集团专业频道提供节目，还能为其综合电视频道东方卫视获得重要的节目资源，其节目亚洲、欧洲和美国观众均能收看，该频道似乎深受中国海外侨民喜爱。

上海文化广播影视集团需要世界的技术和节目资源来充实和丰富其内容，也希望将自己的产品打入全球市场。为此，该集团在 2004 年创办了上海时空之旅文化发展有限公司，旨在销售自己的产品并推动与国际合作伙伴的联合摄制。由于收购了中国 3 家电视台、电影产品和用于媒体的主权基金（中国华人文化产业投资基金，该基金用于投资的资金达 10 亿美元），2010 年该公司对全球市场的占领实现提速。这些资产当时属于一些由鲁伯特·默多克控制的香港企业。

完成这些收购后，中国华人文化产业投资基金成为亚洲最重要的传媒和娱乐业投资基金，并在 2013 年与时代华纳创立一个战略投资基金。因此，最大的国际影片公司，包括华纳兄弟娱乐公司、HBO 电视网和特纳广播公司与中国第二大集团携手，制作及发行两家企业的产品，并联合生产新的内容和节目。

就在最近，中国的一个移动平台——人人游戏与法美公司 BulkyPix 签署合作伙伴协议，使该公司的游戏进入世界上最重要的视频游戏目录。①

中国国内市场

在实行市场经济并为国际市场贡献生产力 40 年后，中国已着手对经济进行重新调整，实施新的发展战略，以保持持续增长，避免停滞不前。2008 年以来，外需已经放缓，尽管外贸出口仍十分可观，但已不是支撑中国经济增长的强劲动力，所以要用内需取代外需，至少是一部分。为此，国家制订庞大计划，构建国内市场，让其成为中国国民经济发展的第一原动力。

内贸方面，中国在第一阶段成功打破了省与省之间的地理和法规壁垒，形成统一的国内市场，产生了一个必须维护其购买力的庞大中产阶级。现在，它必须完成商业、社会、文化、物质和电子分销系统的组织工作，发展服务领域的国企和私企，2005 年至 2010 年，企业的数量翻了一番，此后年增长率达到 15%，2012 年的总量接近 5000 亿美元。中国梦想从世界服务出口的三流国家跃入一流国家之列。除了巩固大型国企及控制重大工程，开发国内市场也

---

① 朱丽叶·雷纳尔：《移动游戏专家 BulkyPix 在中国做强》，《法国网络》2013 年 6 月 12 日。

能让中国运营商削减相当一部分初期生产成本，通过此举增强打入国际市场的雄厚实力。如果这一宏伟蓝图得以实现，中国市场将成为世界上最大的市场，届时其规模将十分惊人。

这种重新配置十分棘手。如何获得成功而又不违规扩大信贷？如何调整工业体系而又不引发紧张的社会形势？ 2012 年至 2017年，如何实现最低工资标准每年提高 13% 的目标，使其在保持竞争力的前提下增强购买力？如何让这种调整不引起增长率下降？简而言之，如何让发展减速而又不让其变得脆弱？如何用非物质经济替代有形经济，至少是一部分？

在文化娱乐方面，这种逻辑关系成就了美国。美国在西方（尤其是欧洲）市场以及全球部分市场的强大影响力，实际上依赖于国内市场的筹划和规模，这可降低生产的初期成本。它的成功还因为能获得重要及专业的融资，所以能为生产配置日益丰富的资源，在全球开发推广和销售系统。中国目前的起步在一定程度上仿效了美国模式。

发展文化经济和知识经济属于这一整体政策范畴，该政策既包括了它又超越了它，这便是厉无畏权威著作《创意改变中国》的中心论点。这部著作尤其告诉我们，关于经济的目前功能，中国政府已从谨慎参与转为进攻态势。2007 年，胡锦涛主席明确指出，必须加强中国在世界的"软实力"，并宣布了一系列新的投资举措，包括名噪一时的投资 54 亿美元用于发展中国的国际传媒，这一消息当时令人振奋。

此后，中国国内传媒和娱乐市场迎来了 17% 的年增长率。在电影业，估计从 2020 年起中国将引领全球票房。后续计划目前正稳步推进：这里指的是让世界认可中国的大品牌，制作在全球叫得响的产品，最后是拥有实体和虚拟发行网络，确保能够进入世界。中国大型集团，如联想、万达等正致力于实现这些目标。

世界中的中国

近 20 年来，中国的国际影响力不断上升。这种影响力既体现在经济方面，也体现在金融和贸易（产品和服务）、科学、技术和军事方面。对中国政府而言，文化方面也应该如此。

中国拥有一大批优秀的历史遗产、丰富的知识产品、巨大的文化资产和古老的科学知识宝藏，或许是地球上绝无仅有的宝库。有人已经准备将世界上最重要的文化遗产数字化。由于有了先进的技术，这一古老宝库将不断丰富。中国还拥有研究当前挑战和关键问题的专业人才以及高水准的创作人员，它还有各种新成果要展示出来。最后，中国已引起全球其他地区的关注。如果说，1990 年中国在世界旅游目的国中排名第十，目前已跃居第三，与排名第二的美国相差无几，法国排名第一。如果说这一趋势得到保持，即 10 年内游客总数增加 80%，不远的将来，中国可能长期占据全球第一旅游目的国的位置。

就像我们前面提到的一样，中国文化产品先是进入亚洲市场，并在短期内瞄准国际市场，所以在庞大的地区市场与发行公司达成多项协议，收购具有国际规模的发行网络并对这类公司进行股权投资。有人对中国创造者和生产者讲述史诗、讲述其古今历史、当前和未来处境的能力，创作能吸引全世界眼球的作品之能力表示怀疑。实际上，除了庞大的中国侨民群，亚洲观众和某些领域里的国际客商已对中国的变化产生兴趣，尤其是在舞蹈、美术、建筑、设计、时尚、音乐、文字和音像领域。此外，中国的考古遗址、博物馆设施和国际盛会逐步在世界业界获得自己的位置。在中国未来的音像、电影和电视产品中，有相当一部分将和美国著名电影公司联合制作，目前该领域的中国大型企业集团公司已与美国著名影业公司签署大量联合制作协议。

中国是一个重要的技术产品出口国，希望自己的品牌及重大科技成果（尤其是在医药领域）的认知度日益国际化。中国政府已批准拟销售系列中药产品的雀巢集团收购美华太阳石公司，并批准雀巢集团与中国医疗科技集团联手创建一家合资企业，后者是中国最重要的药理学集团之一，拥有1200种植物的5000种提取物，上述两家公司希望进入药品和保健品的世界市场。中国不再是一个大型"山寨"作坊，它开始创新、创造和发明。"中国创造"正逐步取代"中国制造"，这一过程成为世界经济变化中的一个要素。

这些便是中国要向世界展示并与其分享的成果。

为了实现这一目标，近20年来，中国中央政府采取了一系列措施，虽然今天还难以评估其效果，却会长期改变人们对这个伟大国家的古今遗产以及它们在当代文化格局中所处地位的评价。这些措施或许还有利于中国文化产业进入全球市场，其中有些措施相当及时且非常了不起，如有2000多名艺术家出席的2012年伦敦书展，特别邀请了中国。

其他措施在全球规模和预期效果上有所差别，如创建赋有国际使命的机构网络，让世界了解中国文化，支持学习它的语言，展示其成果，维护其在国际事务中的立场。尤其是中央电视台电视网络和孔子学院网络，目前正全力以赴打造并已出现在世界各地：两大网络均得益于一项大规模的文化和语言推广政策。

中国中央电视台创建于 1958 年，属全球两大多语种电视台之一。该台拥有 20 个公共频道，其中多个频道采用外语播报（包括英语、法语、阿拉伯语、西班牙语、俄语和葡萄牙语），专题频道和网络电视装置与日俱增，其中包括一个庞大的社交网络和影像点播的服务。在该国 400 家国家台、省台和地方台中，中央电视台独占鳌头，每天有近亿观众在观看该台节目，有时这一观众群成为一股巨大的人流，我们估计有 7.3 亿人观看了 2010 年的春晚。

在国际方面，中国电视台主要覆盖亚太地区，今天已在欧洲、马格里布、中东、美洲以及非洲地区落地。中国电视在上述地区拥有上百个制作中心，录用了该领域的大量专业人士，提供了一份包括娱乐、体育、大众论坛和新闻的节目表。这一庞大机构让 120 多个国家的民众听到了中国声音以及它在世界事务中的立场，其潜在观众将超过 5 亿。该电视台在全球各地的传播中，中国新闻通讯社——新华社发挥了决定性的作用。中国电视台采用多语种并在全世界建立中转站，任务是作为西方声音的平衡力量，在庞大的全球新闻领域占据一个重要的位置。

创建孔子学院是一项大规模行动，它无疑是本千年之初最重要的地缘文化之举。有人将其比作是"语言上的人类登月工程"①。该工程始建于 2004 年，被描述为"中国公权强力参与的文化攻势最亮的名片"。该学院已有 500 个分校，分布在近 50 个国家，它主要传播中国文化，在世界范围内培育汉语教育。按照中国领导人的说法，其既定目标是弥补该国遭受的国际文化赤字。从现在到 2020 年，该学院将拥有 1000 个分校，分布在全球各大陆，它将成为一支庞大的无敌舰队，征服人类的精神和心灵。总之，该工程肩负的使命是让中国以外的 1 亿人学习汉语，确保中国语言的国际扩展。它还担负着扩大中国古今文化在全球认知度和辐射力的使命。报告会、座谈会、研讨会、展览会、影像、信息游戏，各种形式同时上马，让世人发现中国文化的实用价值（包括武术、中医中药、书法、思想史和艺术史、古今剧目等等）。

如果说该工程表面上类似于一些欧洲国家（如德国的歌德学院、法国的法盟、英国的文化协会机构、西班牙的塞万提斯中心）的做法，但与这些国家的现有机构相比，无论是规模还是中国政府投入的资金均有所差别，而且该工程的管理更细致，发展更惊人，采用的方法也独具特色：每所孔子学院都设在一个重要的知识场所，延伸网络呈金字塔结构，即在特定地域，从高向低延伸到与之合作的中等学府，因此，教学和与之有关的场所成倍增长。这一壮举拥有先进的教育方式，每个单位构成一个虚拟校园，师资力量来自中国的志愿者队伍，他们期待着被派往世界各地。

---

① 迈克尔·爱德：《普通话攻势》，《连线》2006 年 4 月 14 日。

探险之旅、助学金、专业培训及邀请参加北京年会等，丰富了中心的活动内容，有助于招募外国的培训工作人员。上海复旦大学教授姚英对孔子学院期待的结果作了如下概括："我们预计它能够扩大汉语学习，在这样一种动力（即每个人的切身利益）的驱使下，让它成为包括官方文化交流、市民互动、教师培训和中国新的文化类型传播在内的中心。"

孔子学院成为一项大规模语言政策的手段，旨在让中国最常用语言（普通话）成为另一种国际语言。《中国日报》2007年3月发表了一篇题为《让汉语成为世界通用语言》[1]的文章。

它涉及世界上使用人口最多的语言（由于中国人口数量及其庞大的海外侨民群，尤其是在亚洲）和屏幕上的第二大语言，但不久的将来[2]，它将位居第一。由于英语和汉语之间的差距在缩小，不容置疑，汉语处于整体上有利的位置。中国以外学习汉语的人数在持续增长：从2004年的2500万上升到2012年的5000万，根据预测，到2020年，这一数字将接近1亿。如果说这场运动主要在中国主导的经济区域展开（即东北亚和东南亚，在那里，普通话越来越多地用于交流、外交和科研），它同样在世界其他地区如欧洲、美洲和非洲日益普及。20年前刚刚起步的汉语教学，如今已由上述各洲的教育系统接手。

---

① 艾杜瓦·奥拉：《让汉语成为世界通用语言》，《中国日报》2007年3月30日。

② 据《新媒体趋势观察》报道，26.7%的网络用户是使用英语，使用汉语的用户为24.2%，根据2011年5月的数据，这两种语言使用者之间的差距是2.5%。而在2005年，这一差距是7%。

中国跃入全球经济一流国家，其不可避免的政治影响力是否会加速经济增长？这种假设的可能性很大。实际上，各方都对此予以了关注：在华外企（因国内市场的发展，它们必须重新考虑对外扩张战略）、寻求中国投资的国家（它们希望 2020 年能接待超过 1 亿的中国游客）、国际机构（在其决策和干预行动中，它们必须为世界第一经济体腾出空间）、众多国家的政府（尤其是南亚、拉美和非洲国家政府），它们正从与中国的金融和技术合作中受益，希望这种合作持续下去。总之，汉语已成为战略性的语言，就像英语在 20 世纪的情况一样。

中国政府希望让汉语成为另一种国际语言，让人们在各类官方或非官方谈判中使用它，通过已建立的庞大传播体系在全球进行推广，所以汉语的优势最终将取决于中国能否维持目前付出的努力。财政部部长、教育部部长、文化部部长、商务部部长和外交部部长在内的中央政府主要部委、省级政府和包括某些专科大学在内的高等学府，如创建于 2000 年的北京语言文化大学，均不遗余力地参与其中。

中国国家对外汉语教学领导小组办公室管理着这些机构。它拥有大量介入手段，特别是拥有作为监督委员会的国家汉办（汉语国际推广办公室）和国际年会，包括国家汉语会议和儒教思想国际学术会议。它还为汉语教育提供国际援助计划以及大量项目：奖学金、交流基金、教师培训实习、研究基金和对志愿者的援助。另外，得益于中国中央电视台和互联网，该机构拥有强大的远程教育网络，还有大量专业网站，如新浪网，提供各种有关语言学习和实践的服务。最后，国家汉办还负责监督孔子学院的发展并协调现有的研究中心网络。

这套庞大的工具可供分布在全球 100 多个国家的大量侨民社团和拥有汉语教学大纲的 2500 所大学及研究中心使用。迈克尔·爱德①将这一大规模部署比喻为"普通话攻势"。

印度

谈到世界文化的未来，我们不可能不对印度予以特别关注。印度有 53 座超百万人口的城市，农村人口一直占总人口的近 70%。21 世纪，印度将是全球人口最多（占人类的 20%）的国家，它和非洲一样，人口十分年轻，侨民群不仅在世界上最庞大，也最有组织。如果说中国在 1949 年将国家带入科学社会主义阵营，由国家掌握整个国民经济，进行非殖民化战斗的印度领导人则在 1969 年获得独立后，选择了代议制民主和混合经济②。近半个世纪后，中国选择了市场经济。10 年后，轮到印度紧随中国，对经济政策进行修改，为私营领域腾出了更大空间。有些人认为，这种修改太缓慢；另一些人则认为，这是循序渐进。这两场运动无疑将两个亚洲大国纳入到市场经济的全部参数中，然而，无论是

---

① 迈克尔·爱德是一位毕业于语言学和修辞学专业的自由记者，其父亲是德国人，母亲是意大利人，本人在美国长大，在日本读高中，在中国工作，并自学了西班牙语，能使用 6 种语言。

② 苏米特·甘古利、拉里·戴蒙德、马克·F. 普莱特纳：《印度式民生的国家》，巴尔的摩，约翰·霍普斯金大学出版社，2007 年。

中国还是印度，国家的经济使命和职能都发挥着决定性作用。

在印度，组成公共经济最重要的部门已从 18 个压减到 3 个：国防、铁路运输和核能。庞大的私有化规划使该政策得以实现，关税大幅下降，享有税收优惠的经济特区已经创建，包括以信息和通信技术为主的著名班加罗尔地区[1]。此外，印度政府已向国外电信、保险和大型分销运营商开放国内市场，减少对本国高亏损的能源领域的消费补贴。在印度世界级的经济学家拉格拉姆·拉扬看来，这项工作仍未结束：公共赤字居高不下，人浮于事的官僚主义和受公权保护的小型市场等仍大量存在。

这些选择使印度向国际直接投资开放，这也满足了其巨大需求，可提升基础设施水平，支持社会发展，有利于 7 亿农村人口在 2050 年前进入城市。它也需要国际投资来满足国内劳动市场的需求，该市场正以每年 1200 万人口的速度增长。

这一强烈愿望在这类整体变化中得到回报。面积达 700 平方公里的大型工业区德里－孟买工业走廊大约接受了总额达 900 亿美元的投资。众多国内集团[2]，尤其是能源、电信以及金融和银行服务领域的企业，已被推入一流的跨国公司俱乐部，在全球影响力和认知度日益凸显。

该政策还使经济空前增长，在 21 世纪头 10 年，印度的经济增长率从 8% 上升到 10%，而在 1960 年至 1970 年，其经济增长

---

[1] 阿尔温德·帕拉加利亚：《印度：新兴巨人》，牛津，牛津大学出版社，2008 年。

[2] 包括塔塔集团、印孚瑟斯、维布络信息科技、巴帝电信、印度工业信贷投资银行等公司。

率不到 3%，在之后的 20 年里，也仅有 5.5%。目前，这一增长势头处于下行态势，2012 年只有 7%。印度的 GDP 在 1996 年至 2011 年增长 2 倍，该政策功不可没，当年印度的 GDP 首次突破万亿美元。简而言之，孟买著名金融区——班德拉库尔勒商业区或许战胜了婆罗门特权阶级的知识分子，至少表面上如此，受益者众多。21 世纪初以来，该国普通民众的收入翻了一番，近 3 亿人口步入中产阶层。迄今为止，该国有 40% 的人口（即 4.5 亿人）仍生活在贫困中。

前面提到的中国遇到的某些问题可能也是印度遇到的问题。如何保持高增长率，增加内需，避免停滞不前，并让近 5 亿印度人彻底摆脱悲惨的经济状况？中国和印度之间情况各异，最大的差异可能是：当中国人口老龄化并且增长速度下降时，印度人口却在年轻化并且增长。

在文化和娱乐方面，印度似乎比中国有更大优势。当中国进入可怕的"文化大革命"时，印度政府却在 1950 年成立了印度文化关系委员会，推出了一项文化政策并取得成果。在电影方面，印度国际电影节已于 1952 年设立，并成立一系列机构来支持电影产业，如国家戏剧学院、印度影视学院和投资基金、国家电影发展公司。总之，尼赫鲁的共和国没有受到文化孤立之苦。如 K. 纳特瓦尔·辛格 2005 年在布朗大学令人关注的演讲中所言，印度有信心"成为全球技术、贸易和文化竞争的参与者"①。

---

① K. 纳特瓦尔·辛格：《印度的争论》，就职演讲，布朗大学，2005 年 9 月 23 日。

印度是世界上神话故事最丰富的国家之一。神话是一个特殊的文化综合体，在某些文化生产领域（电视节目、动画片、音乐、舞蹈和游戏）中占有重要位置。印度属于全球英语圈，虽然这给它带来很多麻烦，但也有好处，它因此与全球一些重要的文化生产中心和市场保持着联系。印度音乐家、编舞者，首先是作家，当然还有南亚其他国家的作家，利用这一定位在本国传统和现代性之间找到平衡。另外，当代印度的叙述脉络似乎比中国更清晰，打上了名人的烙印，如泰戈尔、甘地和尼赫鲁。

如果说中国进入全球文化空间要百废待兴，印度却已在全球电影、文学、音乐和舞蹈领域占有重要的位置，文化产品产量多，在亚洲和非洲市场占有重要份额，尤其是电影。总之，印度无须在全球文化空间争取地位，对它来说，问题在于如何巩固和提升。它拥有实现这一目标的手段和后备力量，这是亚洲另一大国所渴望的。

这些或许可以解释印度的"软实力"，它提出的观点有待商榷，它提供的经验有待认可或有待分享：民主与政治多元化；联邦制与地方分权作为完善的管理方式；国家承认所有宗教，作为政教分离的基础，还有其他许多实践证明有效的价值。这一立场丝毫未降低印度的地缘政治目标，尤其是争取获得在联合国安理会的常任席位，承认印地语作为国际组织的官方语言[1]。

---

① 赛义德·纳扎卡特：《印地语能成为联合国官方语言吗？》，博客出版社，2011年1月22日。网址：http://syednazakat.wordpress.com/2011/01/22/can-hindi-be-official-language-of-un/。

　　"在当今世界，最重要的不是军队规模或经济规模，而是能讲动听故事的国家，这样的国家将拥有真正的影响力。"印度人力资源发展部现任部长沙希·塔鲁尔的这番话充分体现了印度当局的见解，他们深信自己的国家能"讲动听的故事"，一个既扎根于亚洲真实的传统，又严格贯彻西方思想的故事。

印度的国内市场

　　从统计数字上看，印度的国内文化和娱乐市场是世界最重要的市场之一，当然也是最分散的市场之一。它一直以提供电视和电影产品和丰富的出版物为主，该国有 1.9 万家出版社，潜在读者达 8 亿人。

　　2010 年，印度有 650 个电视频道节目（另有 250 个等待开播许可证），全国电视观众超过 6 亿（预计 2020 年将达到 8 亿）。印度的电视频道繁多，部分原因是国家电视网和地方电视网各自为政。国家电视网的广告收入占总量的 47%，地方企业占 53%。这一比例清楚地表明地方电视台采用国语录制节目的情况。2013 年至 2020 年，预计电视产品的年增长率在 15% 和 20% 之间，英语节目在整个地方电视产品中约占 2%。尽管新媒体已经取得进步，但这些数据仍确认了印度电视占据的中心位置。

　　印度电影在国内外占有重要地位。2010 年，该国生产了 1288 部长片和 1600 部中短片，售出电影票 35 亿张，美国电影为 15 亿张。该产业为印度经济注入了 30 亿美元，10 年增长 50%，直接或间接创造的就业岗位近 600 万个。

　　各种参数表明，印度的影片制作和观众既分散又相互分享：电影公司呈现出多元性（2010 年为 600 家）；制片厂分散，有孟买的宝莱坞，其产品显然是用印地语；有钦奈（过去的马德拉斯）的考莱坞，产品是用泰米尔语，还有加尔各答的托莱坞，产品是用泰卢固语；语言的多元性，该国拥有 22 种官方语言①，在这些不同语言中需要一种配音复制系统；最后还要考虑贯穿 14 个自治区的发行系统。这种分散状态反映了这个地域辽阔、人口众多的国家的现状，其人口相当于西欧和美国人口总和的 2 倍。

　　印度的电影市场主要由国产片占领。电影用于消遣，电视百花齐放。无论是欧洲的还是美国的公司，外国大公司打入印度国内市场的企图最终都以失败告终，外国影片从未达到 10% 的市场占有率。然而，美国著名电影公司加强了主动，如在印度投放影片《阿凡达》和《社交网络》，这是根据印度观众量身定制的，并译成印地语和泰米尔语。但专门播放美国动作片的新电视专门频道则举步维艰。

　　造成这种局面的原因是多方面的：首先是大量的国产片和多元化；其次是观众的文化和语言多样性，这就要求外国影片必须译成多种语言，尤其是印地语、孟加拉语和泰米尔语；再次是发行系统纷繁复杂；最后是电影审查委员会的决定，常常对外国影片加以限制。

　　印度影业确立了三大重要目标：第一，通过大型集团（尤其

---

① 其他语言的产品包括卡纳达语、马拉地语、马拉雅拉姆语、孟加拉语、比哈尔语和古吉拉特语，而英语影片仅占总产量的 1%。

是爱罗国际电影公司、UTV 电影制片公司和雅什拉吉电影公司）的兼并和收购来巩固该领域，这应该有利于对生产过程的高端投资；第二，增加数字影片，2010 年印度的数字电影已达到 70%，使产品的国内和国际发行更便捷；第三，对大型电影公司进行技术升级，如罗摩吉电影城和海得拉巴的安纳布尔纳电影公司，前者被认为是亚洲最重要的电影公司，后者被认为是全球最大的电影公司，拥有 6 个摄影棚。

印度的动画片产业和视频效果产业得到巨大发展：2005 年至 2013 年，增长率达到 500%，1995 年以来，该国创建了 6 个播放动画片和针对小观众的频道，并提供印度原创内容。如果说印度动画业最初只针对外国集团，后来则更加自主，并最终转为服务于国内广大受众，而且时刻牢记要在国际市场占据重要地位的雄心。

其他大型计划使整个产业热火朝天：首先是城市设施的现代化，包括铺设多路传输系统，2013 年新增屏幕总数近 2000 个，单屏幕数字电影放映厅 3000 家；其次是对媒介内容与新技术的融合进行调整，此举带来大量投资。正常情况下，这种调整会有助于企业的巩固，改善目前极度分散的状况。该产业因此得到的回报是：收入增长，尤其是来自印度电影摄制业份额的增长；观众数量和票价的增长；因城市设施升级对衍生产品市场的培育。

这些现代化成为支撑政府发动大规模攻势的因素，以增加印度电影在国际市场上的占有率，这一攻势虽然见效慢，却声势浩大。经过综合考量，德勤公司在 2011 年得出的结论是："印度电影的未来充满希望！全球观众不断增加，尤其是在像日本、马来西亚、新加坡这样的国家以及中东地区。"①

半个多世纪以来，印度的文化产品和文化服务已经走遍世界。印度电影取得的第一个重大国际成就是萨蒂亚吉特·雷伊导演的故事片《大地之歌》，它可以上溯到 1955 年。早在 1950 年，梅赫布·汗导演的《印度之母》就已入围奥斯卡奖。印度电影同时在全球电影产量、国内和国际（近东、非洲以及印度洋地区）观众数量上名列前茅。因此，它的推广和上映系统、对其文化生产者和明星的认可已牢牢扎根于大众想象、传媒和世界大多数地区的电影界。一部印度电影在多个国家同时上映的情况并不罕见。2010年，《机器人之恋》是印度在国内外最成功的电影之一，被译成 25 种语言，首映在全球 3000 家影院同时进行。同年 2 月，《我的名字叫可汗》同时在 64 个国家上映，接下来的 4 月和 5 月，又进入另一些国家，包括韩国。印度电影这种国际影响力产生了与全球大部分国家相似的明星体系。就像"维基解密"2009 年发表的外交信息表明的那样，美国当局要求印度政府向阿富汗派遣宝莱坞明星，以帮助稳定这个国家！

国际影响并不代表全球影响。而全球影响正成为许多印度电影制片公司的梦想，该国第二大电影公司 UTV 已做出选择，打乱行业的传统管理模式。因此，它所讲述的故事就是根据这一愿望进行选择的，生产和促销预算已增长三四倍，国内和国际发行常

---

① 阿努帕玛·乔普拉:《宝莱坞之王：沙鲁克汗与印度电影的世界魅力》, 纽约, 华纳出版社, 2007 年。

常由制片公司自己承担。最后，最大的电影公司与众多国外合作伙伴签署的摄制和联合摄制协议与日俱增，尤其是与巴西、波兰、意大利、英国、法国、德国、新西兰和美国，包括迪士尼、维亚康姆、新闻集团和索尼影业等。印度投资商还入股国外制片公司，尤其是美国公司以及该领域的企业，如印度信实娱乐集团于 2008 年和 2012 年投资美国梦工厂公司，收购专门从事影片修复的美国劳里数字影业公司。除了在联合摄制协议中达成的条件，包括演员必须来自印度或合作伙伴国，如电影艺术家米拉·奈尔的影片《项塔兰》中的阿米特巴·巴赫卡安和约翰尼·德普，印度坚持要求联合摄制的影片在两个协议国均被视为各自的国产片。印度制片商还在美国创办了一家专门播放印度电影的电视台。

　　在印度音乐和动画片领域，我们发现了同样的现代化意愿。在音乐领域，从传统出版方式向数字方式的过渡正在地区市场实现，这一市场也是语言市场。2010 年，数字端的销售首次占据该领域的第一位，占音乐产品国内消费的 57%。据估计，2010 年至 2015 年，该领域的增速在 17% 左右。因公司合并，该产业得到加强，催生了一批大型集团，如萨尔加马唱片公司和隶属巴蒂电信集团的巴蒂音乐公司。点播音乐的平台与日俱增，尤其是 Spotify、Pandora、Saavn 和 Dhingana，它们拥有 35 种语言的 50 万个曲目，位居世界前列，其服务对象分布在 200 多个国家和地区，占用户总量的 40%。今后，音乐产品将根据移动端，尤其是智能手机进行构思。这些公司的负责人重新调整市场战略，与社交媒体合作，推销艺术家及其作品，针对日益增加的大型公共活动的产品多元化，加强对艺术家的管理，大举进军庞大的衍生产品市场。

印度的技术产品和服务市场庞大、分散且具有一定依赖性，是世界上最受追捧的市场之一，增长潜力巨大。起初，该领域的民族工业只是效力于将信息系统管理、在线服务和少量营运部分和研发移到印度的外国公司。这一体制实施 30 年后结出了丰富的硕果：300 万个直接就业岗位和 1000 万个间接就业岗位，对该国的 GDP 贡献达到 1330 亿美元。[①]

这些数字无论多么重要，却无法掩盖发展所需的巨大空间。比如在线贸易，中国的在线贸易总量比印度多近 20 倍。如果说印度信息技术领域企业（如印孚瑟斯公司、塔塔咨询服务公司和威普罗技术公司）在服务行业经历了巨大增长，但在国内自主研发方面却一直行动迟缓，有关数字和移动平台仍过于依赖进口。当然，在该领域，国内公司占据着不可忽视的位置，如 Micromax、Karbonn、巴蒂电信、信实集团和沃达丰。然而，由于技术产品过度依赖进口，贸易逆差每年都在增长，据估计，到 2020 年将达到 3000 亿美元。这一现状既说明了需求的持续增长，也说明了印度国内供给的不足。"购买印度货"计划正是在这种情况下推出的。

激烈的口水战一方面反对印度政府对进口技术产品进行的严格限制，另一方面反对与该领域的跨国公司和外国力量结盟，包括美国和欧盟。结盟者以贸易自由的名义，指出他们已进行大量

① 伊卡柏·卡迪尔：《印度其他 IT 部门的民众力量》，《哈佛商业评论》2012 年 12月。

投资，担心投资受损，要求印度政府放弃"粗暴"政策。在他们看来，国家对行业的支持尤其是政策乏力，基础设施不足，税收过高。此外，由于市场分散（被分成22个区域），需要大量投资。而印度政府则称，它没有对外国企业关闭本国市场，只要求他们在印度生产在印度销售的科技产品。显然，之前实施的政策也是为了保护和培育该领域的民族企业，它们是印度工业发展的重要元素。

斗争是残酷的，涉及的利益重大。实际上，由于数亿潜在客户，近几十年来，印度的技术产品市场大概是世界上最具发展动力的市场之一。印度移动电话市场拥有10多亿用户[①]，是世界上最有活力的市场之一。2012年至2013年，该市场实现的增长率为129%。

这一增长的预期利润惊人，因为在印度，上网、移动应用开发和连接社交网络都是通过手机进行的，这一比例已超过50%。2009年，该市场已达到450亿美元，到2020年估计可达到4000亿美元。这些利润有利于获得全球市场的份额。例如，一些外国公司（如苹果、谷歌和亚马逊）向印度网民提供自己的服务。因此，从2013年开始，印度读者可以通过谷歌图书软件浏览500万种图书，其中5万种出自印度作者之手。他们可以通过印度公司（如印度运营商巴蒂电信）获取全球市场份额，该公司已完全打入

---

① 印度电信管理局：《印度电信服务绩效指标：2011年10~12月》，新德里，印度电信管理局，2012年4月。网址：http://www.trai.gov.in/WriteReadData/PIRReport/Documents/Indicator%20Report-dec-2011.pdf。

非洲大陆。由于非洲的特殊现实，即与印度现实几乎没有可比性，巴蒂电信已经降低了期望值，延长了融入市场的时限。2012 年的数据表明，其战略已经取得了成果，该公司已在 17 个国家获得超过 6000 万的用户。

印孚瑟斯公司

印孚瑟斯公司在行业跨国公司俱乐部享有特殊声誉。21 世纪初，该公司名不见经传，营业额仅 2000 万美元，之后公司业绩呈爆炸式增长，几乎所向披靡。2010 年，公司营业额达到 70 亿美元，商业价值超过 260 亿美元。这家创造"神话"的公司创建于1981 年，当时仅有启动资金 250 美元和 6 名员工，创始人是年轻工程师 N. R. 纳拉亚纳·穆尔蒂，此后他成为一个响当当的人物。2011 年，该公司员工达到 18.5 万人，2013 年成为纳斯达克板块最重要的印度公司。

公司创始人说，印孚瑟斯公司自创建以来就瞄准国际市场，因为当时印度国内市场几乎不存在。之后印度和世界虽然发生变化，却未改变这位创始人的初衷。目前公司在印度市场的销售仅占 2%，98% 是在世界市场，其中在欧洲和美国的比例达到 85%。最近，该公司向中国、日本和澳大利亚大举进军，目前已拥有员工 5000 名，在欧洲、北美洲和南美洲以及大亚洲区域设有 30 个机构、办事处和研发中心。公司提供从安装系统到建立联系，从系统管理到保证其安全的专业跨国信息服务。由于在亚洲的客户不断增长以及欧洲成果不断巩固，公司正谋求资产的多元化。这是一个非典型案例，因为正常情况下亚洲跨国公司首先是投资本地和地区市场，将其作为进入国际市场的跳板。印孚瑟斯公司却反其道而行之，取得了不容置疑的成就。

公司领导层最近确定了即将进入的领域和公司研究人员近期将启动的工程。这份清单勾勒出印孚瑟斯公司的宏伟蓝图，也列出了 21 世纪通信技术将大规模投资的领域：智能（电子）管理、独立的信息管理、持续发展管理中的信息部分、在线贸易扩张和数字产品消费，尤其是在教育和医疗领域。

Micromax 公司

Micromax 集团创建于 2000 年，以生产和销售移动端为主，今天在印度排行第三，仅次于三星和诺基亚，在世界排名第十二。公司产品由中国的大陆和台湾多家企业生产或由印度的自家工厂承担，产品主要通过分布在印度全国各地的 10 万个网点进行销售。短短几年间，Micromax 集团已在印度国内市场获得相当可观的份额并期待坐上第一把交椅。此外，集团的国际化第一阶段已获成功，在亚洲尤其是阿拉伯半岛市场获得重要份额[1]。2010 年，公司通过投资拉美市场，尤其是庞大的巴西市场，启动了国际化战略的第二阶段。

---

[1] 包括中国香港、孟加拉国、尼泊尔、斯里兰卡、马尔代夫、阿联酋、沙特阿拉伯、卡塔尔、科威特、阿曼和阿富汗。

世界中的印度

与我们在中国看到的情况不一样，印度的国际雄心未大张旗鼓地张扬，既未表现在宏伟的政治报告中，也未为此设立重要机构。只是最近，该国某些发言人提到了将该国政治力量作为"软外交"的重要性。印度采取的行动表面上并不轰轰烈烈，但在稳定性和持续性方面却与以往不同。

自 20 世纪中期以来，印度文化关系委员会批准设立印度文化中心，该中心在全球开花，与印度侨民的当地化实现了完美结合。印度人在那里推广印地语教学和印度文化遗产的古今知识，涉及音乐、舞蹈、厨艺等。图书馆陈列着各种印地语、梵语、乌尔都语和英语图书，举办研讨会、辩论会、印度传统节日庆祝活动，如排灯节、洒红节和十胜节，还接待印度演讲者和名流。印度文化关系委员会主任维伦德拉·古普塔称，建设一支能够将印度文化传授给同胞们的当地师资队伍是中心的首要目标。来自印度的老师则将接替当地教师，给水平更高的同胞上课。

2006 年以来，印度文化关系委员会通过在众多国家举办大型节庆活动的方式，展示印度文化的多元性，更大规模地丰富其国际计划。2005 年，该计划在比利时启动后，已经扩展到日本、以色列、阿根廷、伊朗、沙特、印尼和加拿大，其中一些活动在规模上有所不同，如 2007 年发起的"在纽约体验印度"，2009 年在俄罗斯举办的印度国际年，以及 2011 年在华盛顿举办的印度怪诞音乐节。该委员会还是世界印地语大会的参与者，该会每年在印度举行一次，有时也在国外举行，2009 年就是在南非举行的。最后必须指出的是，印度文化关系委员会促成了重要的斋普尔文学节的举办，该活动正成为全球最重要的作家、评论家和出版商的国际盛会之一。

在被问到印度侨民群的问题时，阿米塔夫·戈什[①]回答说："我意识到，印度特色最有意思的地方正在于整个印度并非完全处在同一位置。这一点至关重要！我认为，它甚至是许多文明的未来之路，包括印度、中国、英国、法国。国家将被庞大的侨民群体替代。"[②]

除了因外交需要或属于国际组织的设施，印度在世界的影响力离不开侨民的影响力，他们分布在亚洲、非洲、英国、美洲（含加勒比地区）的 36 个国家。这些侨民人口今天已达 3500 万，到 2050 年，这一数字将接近 5000 万。这一影响力得到印度政府一项强有力的凝聚政策的认可和支持。《世界报》2008 年元月刊发了题为《一种让人向往的成功》的文章，将这一成功归功于 1990 年年底制定并且立刻付诸实施的一项重大决策。

印度政府希望加强与分散在世界各地的侨民社团间的联系，为此专门设立了印度海外移民高级委员会，任务是重新考虑海外印裔侨民的身份。这一政策让许多海外印度人社团成为该国在文化、哲学、科学等方面的庞大中转网，支撑着亚洲伟大民主的国际政治和经济利益。在克林顿总统和瓦杰帕伊总理的 2000 年共同

---

① 印度著名作家。
② 阿米塔夫·戈什：《令人着迷的侨民问题》，发言由莱拉·阿扎姆·赞加收集，《世界报》2007 年 3 月 23 日。

宣言《印美关系：21世纪愿景》和2005年美印政府达成核协议的谈判中，美国－印度政治行动委员会的行动可能发挥了决定性的作用。[1]

阿拉伯语世界

尽管阿拉伯语地区众多国家遭受重创，蒙难者、迁徙者和逃难者成倍增加，巴以冲突悲剧和伊拉克内战火上浇油，仍不能忘记阿拉伯的思想家和创作者们（尤其是阿维森纳、阿威罗伊、阿勒－哈拉吉、伊本·阿拉比、伊本·哈勒敦和穆罕默德·阿卜杜赫）对人类文明做出的特殊贡献。由于阿拉伯文化与许多其他文化之间的特殊融合性，阿拉伯创作者们的思想和作品对世界各地区，从欧洲南部到南亚的各个社会[2]都有重要影响，由此可见阿拉伯世界对人类哲学、文化、科学和技术宝库的贡献是重大的、卓越的。

今天，有22个国家属于阿拉伯语国际空间。在中东、北非、撒哈拉沙漠南部非洲和印度洋诸国、欧洲和美洲，有3亿人口讲阿拉伯语。到2030年，该数字可能上升到5亿。可以想象，在文化产品和文化服务的生产和传播方面，一个如此规模的共同市场

[1] 德勤公司在其2011年报告第31页提供了有关印度电视在世界日益扩大和取得的成就中，侨民所占份额的资料。

[2] 奥利格·格雷巴：《思考伊斯兰艺术》，巴黎，阿尔宾·米歇尔出版社，1996年；阿里·马扎海里：《伊斯兰教的黄金时代》，巴黎，阿歇特出版集团，1951年。

（其成员能聚能散并能够采取共同行动）意味着什么。

尽管政局动荡可能造成各种性质的障碍，阿拉伯国家之间的相互关系（即双边和多边技术合作，通过诸如伊斯兰合作组织及其文化工具——联合国教科文组织的伊斯兰机构将它们团结在一起）却非常密切。几个例子证明了阿拉伯国家之间的持续合作可能产生的结果，尤其是阿拉伯联盟成员国在1967年建立的卫星系统；第一家承担泛阿拉伯使命的通讯社；能够同时吸引众多国家观众的电视节目，包括未来电视台的"超级明星"系列。还有波斯湾国家在阿拉伯世界的重大投资，阿拉伯银行为非洲经济发展提供资金等，最后是为占领虚拟空间携手合作创造的效益。自2000年以来，许多阿拉伯国家在虚拟空间投资，尤其是在文化和娱乐领域，表示出共同的兴趣。这个将阿拉伯人聚集起来的共同体一直呼之欲出，肯定不会寻求重建近半个世纪前破裂的泛阿拉伯主义，而是让他们团结起来，共享利益，身在何处则无关紧要。

阿拉伯世界现在谈不上什么雄心，因为目前的分裂压倒了成立国家共同体的共同心愿。根据预测，该领域的创举主要是国家倡导的。除了一些国家互相冲突，阿尔及利亚和摩洛哥的西撒哈拉地位问题，什叶派（以伊朗为主）轴心和逊尼派（土耳其、埃及，还有沙特）轴心之间的分离等等，解释了阿拉伯国际空间内部的明显分裂。这类对立使阿拉伯人在命运共同体中一体化、实现融合和维护各自利益以及培育共同政策方面步履艰难，甚至不可能。

这种局面显然影响了文化、娱乐和交流技术的开发，在这些重要领域失去了能够在阿拉伯世界创造财富，提供文化产品和服务的广大民众，而他们正是在阿拉伯世界以及全球推销阿拉伯文化的保证。尤其是他们在互联网上创建的阿拉伯语搜索工具，不是谷歌的翻版或改版，而是按照阿拉伯国家古今物质和非物质遗产研发的工具。

如何将这些倡导重新汇聚起来，以加强阿拉伯世界在世界事务中的分量，这是摆在阿拉伯人面前的问题。目前，在四分五裂的阿拉伯世界，这些愿景难以实现。这里有 600 家阿拉伯语电视台[①]，却再也没有辐射中心，二战后这一角色一直由埃及担任。

二十世纪六七十年代，拥有四分之一阿拉伯人的埃及曾是电视和电影生产的高地，产品一直占领着大部分阿拉伯语国家的银幕。埃及的音乐片当时创建了一种名副其实的明星体系，汇集了来自不同阿拉伯语国家的歌手和舞蹈家，如亚历山大、巴格达、阿尔及尔、吉布提等。许多明星成了传奇人物：莎蜜雅·嘉摩、菲菲·阿卜杜、塔西雅·凯若卡、索海儿·载琪等等；一些影星享有国际美誉和声望，尤瑟夫·夏因就是其中一位，他的很多电影，尤其是《中央车站》被认为是 20 世纪最具影响的电影之一。埃及的音乐亦饮誉阿拉伯世界，莎迪亚、阿卜杜勒·哈利姆·哈菲兹、沙巴赫以及 20 世纪最著名的阿拉伯明星、举世无双的乌姆·库勒苏姆等巨星的声音能够从开罗一直响彻北非、近东和中东。

黎巴嫩原来是阿拉伯语和法语出版活动中心，其出版物出现在开罗、卡萨布兰卡、突尼斯、巴格达、阿尔及尔和巴黎的书展

---

① 吉尔斯·凯佩尔：《阿拉伯情感》，巴黎，伽利玛出版社，2013 年，第 32 页。

上。无论是综合类作品、文化作品还是教材，其产品一直是以质取胜，而这一切将成为过去。

正如我们前面提到的一样，在阿拉伯世界，文化和娱乐创举主要来自几个国家，尤其是波斯湾的几个酋长国和摩洛哥王国，我们将在非洲部分再作介绍。

吉拉里·本沙巴内对阿拉伯社会及其文化追求了如指掌，堪称是该领域最著名的专家之一。他认为，"在阿拉伯－波斯湾地区，文化迎来了一股狂热，一些国家以阿联酋或卡塔尔为榜样，在一个传统上被放弃的领域进行投资"。对"文化事务……"的这种狂热"实际上成为一种多样化的动力"。①

卡塔尔

卡塔尔在创建半岛国际电视台时，已经具备了一种真正的媒体打击力，虽然半岛电视台在世界上褒贬不一，包括阿拉伯世界，却享有一种不容置疑的认可和名声。它对世界大事进行另类解读，经常公开秘密，并与一些从未在媒体露脸的人物展开对话，以证明世界语言和文化的多元性。它还创建大众空间展开思想碰撞，将多元化纳入阿拉伯世界的政治事务中。这一大胆的举措成功后，其他举措接踵而来，尤其是创建卡塔尔航空公司，以便在遥远的未来，当酋长国丰富的石油资源耗尽时能拥有一种替代经济。该

---

① 吉拉利·本查巴内：《文化：一个新的行动工地》，《中东》第16期，2012年10 ~ 12月。

航空公司今天已成为世界最著名的航空公司之一。

　　卡塔尔位于沙特、伊朗和伊拉克之间，是世界上最富有的国家之一。2012 年，该国 GDP 达到 1850 亿美元，人均 GDP 为 10.43 万美元，是世界上人均 GDP 最高的国家。撇开其保守的，甚至是过时的管理不说，这个小国目前实行的是《卡塔尔 2030 年国家展望报告》确立的整体政策。

　　该政策展示了国家在教育、科学、技术和工业化领域的宏伟蓝图。这些蓝图的实施得益于高水平的国际合作，但首先取决于国内投资。一些特别区域（如拉斯拉凡工业城、教育城区和卡塔尔科技园）迎来美国最著名大学和科研机构以及国际著名集团公司的分支机构，如微软和欧洲宇航防务公司。大家为此付出了巨大的努力，得到了各类基金会的支持，这些基金会各向一个大领域提供资金，它拥有雄厚的财政资源，因为该国 GDP 的 2.8% 用于科研。

　　这项政策还展示了该国在国际上的宏图大略，政策的实施将推动这个拥有 200 万人口、面积如同科西嘉岛的小国进入强国之林。卡塔尔的投资遍布全球：在印尼、马来西亚、北非投资石油，在欧洲和美洲投资实业公司或金融领域的专业公司。大量投资并不代表一切，它通过半岛电视台转播有关近东和中东局势的外交活动，并进行大胆评论，对卡塔尔的国际定位做出了重要贡献。

　　卡塔尔的国际雄心也是文化雄心。根据该国领导人的说法，首都多哈应成为全球文化版图中新的一极，卡塔尔则应成为"文化楷模"。这一愿望正在实现，"世界城"在国际艺术经济中处于日益上升的地位，与纽约、上海、伦敦和香港并驾齐驱。其文化设施的影响力不容置疑，处于第二博物馆圈，紧随世界顶级博物馆的中国美术馆、伦敦泰特美术馆、圣彼得堡冬宫博物馆、开罗的埃及博物馆、京都国立博物馆、纽约大都会博物馆、墨西哥国家美术馆、巴黎罗浮宫和新德里国家博物馆之后。大量资金用于收购带阿拉伯作者签名的艺术品，当然也包括有世界其他地区著名雕塑和绘画名人签名的艺术品。在一些人看来，这是新"土豪"的做法，但也有人认为，欧洲博物馆的著名藏品同样是通过金钱、权力和荣誉收集起来的。

　　雄伟的多哈伊斯兰艺术博物馆以人工小岛为基础，采用各种材料建筑而成，卡塔尔领导人希望将其打造成世界级的重要博物馆。它由建筑大师贝聿铭设计，内外金碧辉煌，无疑是世界最精致的建筑之一，成了该国的地标建筑。"这是一个真正的伊斯兰教纪念中心，收集了公元6世纪到19世纪不同大陆的作品，象征着一个可充当阿拉伯文化复兴运动排头兵的国家突然出现；它还被视为保守主义和超自由主义之间的一种可替代模式……"[1]2012年，它的首场展览正式开幕，汇聚了博物馆业界的世界精英和众多国际著名创作者，卡塔尔因此成为全球首脑磋商大事的首选地。伊斯兰艺术博物馆毗邻"沙漠玫瑰"，后者是建筑师让·努维尔的华美之作，将成为卡塔尔的国家博物馆，预计将在2016年对外开放。

---

[1] 吉拉利·本查巴内：《文化，卡塔尔的一个新的行动工地——一个阿拉伯酋长小国的世界雄心》，《中东》第16期，2012年10～12月，第40页。

卡塔尔的文化创举亦涉及其他领域。2010 年，该国创建了多哈电影研究院，负责为国产电影提供资金、对合拍进行管理，负责影片在中东和世界的发行。[①]该研究院自成立第一年起，即与以交流和传媒见长的美国西北大学，以时尚、平面设计和建筑见长的弗吉尼亚联邦大学及以考古和文物保护见长的伦敦大学建立起重要的合作。

这种谋求认可和提升影响力的愿望还使卡塔尔扩大了对专门从事奢侈品生产的欧洲公司的控股和投资，尤其是万喜、威立雅、拉加代尔、欧洲宇航防务和 LVMH 集团（路易威登酩悦轩尼诗集团）。该国也在国际体育领域进行投资，已购得巴黎圣日耳曼足球俱乐部和法国两家付费体育电视台，掌握了部分权力。卡塔尔在 2006 年举办了亚运会，2010 年举办了世界室内田径锦标赛，2011 年举办了亚洲杯足球赛和泛阿拉伯运动会，2015 年举办了世界手球锦标赛。烟花绽放，但并未结束。卡塔尔赢得 2022 年世界杯足球赛举办权时，已登上了领奖台的最高层。最后，卡塔尔还投资创建了一个新的国际机构——"多哈体育论坛"，一年一度，全球体坛领军人物将云集多哈。这种热情还延伸到国际会议领域，在多哈举行的大量国际会议以及全球教育、环境、智能管理、控制兴奋剂领域的领导人在此济济一堂，这些都证明了这一点。

对经济另一面（尤其以文化为中心）的狂热并非卡塔尔的专

---

① 阿克塞尔·埃斯科菲：《卡塔尔，从黑金到银屏》，《全球》2012 年 10 月 8 日。

利。阿联酋的某些邻国，尤其是阿布扎比和巴林亦然，它们已在该领域大量投资，让本国成为全球文化参与者的愿望成为现实。

阿布扎比

阿布扎比毫不犹豫地以中东新文化之都自居。2007年，阿布扎比罗浮宫的创建就是一次杰出的展示。广告是如此介绍这一盛事的："协议使阿联酋拥有一个国际水准的音乐殿堂，使阿布扎比跻身文化大国，尤其是全球大型博物馆之列……这一投资使阿联酋成为各种文明和各种文化之间，尤其是西方、中东，甚至亚洲之间对话的中心。"

除了罗浮宫，法国还计划利用该国最著名的博物馆，包括蓬皮杜艺术中心、奥赛博物馆、凡尔赛宫及博物馆、集美博物馆、凯布朗利博物馆、法兰西国家图书馆和罗丹博物馆。"阿布扎比当今和未来多元文化发展的现状满足了收藏的多样性。这一特征延长了千年来阿拉伯作为东西方、南北方之间纽带的角色……东方和西方永久和独特的交流将使这一新的文化机构在国际博物界中找到自己的位置。"①

阿布扎比罗浮宫位于该国文化区中心，萨迪亚特岛（幸福岛）的中央。该岛寄望"成为世界最大的博物馆集群，这里的每个建筑物都出自荣获普利兹克建筑奖的建筑师之手"②。这里还要建世

① 网址：http://www.louvre.fr/louvre-abu-dhabi。
② 维姬·夏因：《阿布扎比：无节制的文化》，《世界报》2012年4月26日。

界上最大的博物馆——阿布扎比古根海姆以及用于展示国家历史
的扎耶德国家博物馆，该岛还希望举办沙迦双年展。

正如前面提到的一样，一年一度的迪拜当代艺术博览会的地
位日益上升，它已跻身全球一流艺术市场，被视为"阿拉伯梦想
之都"。2013 年年底，饮誉业界的《美术杂志》在报道此次博览
会的巨大成就时，问道："小小酋长国正在改变艺术地带吗？"尽
管回答很保守，但《美术杂志》的编辑们却称，博览会以质量为
先，吸引创作者和国际大牌，展示名副其实的杰作。博览会的功
劳在于介绍了当代阿拉伯文化佳作，让它们与其他文明时代的文
化作品平起平坐，在全球文化繁荣中拥有自己的位置。

阿拉伯世界与虚拟世界间的连接始于 21 世纪初，之后迎来了
飞速增长。实际上，今天全球已有 1 亿阿拉伯语网民，而在 2000
年只是 330 万。2012 年，埃及有 3000 万网民，10 年前只有 45
万；突尼斯有 420 万，2000 年只有 10 万；21 世纪初，叙利亚只
有 3 万，现在已增长到 500 万。2000 年至 2010 年，摩洛哥、沙
特、约旦、卡塔尔、也门和伊拉克的网络用户增长率超过 1000%，
此后一直保持高速增长。

具有戏剧性的是，此类增长率却低于手机，在许多阿拉伯国
家，手机的增长率在全球首屈一指。2010 年年初，17 个阿拉伯语
国家的 40 家手机运营商拥有 2.41 亿蜂窝手机用户，年增长率达
到 16.6%。在沙特、阿联酋、摩洛哥和阿尔及利亚，手机的市场渗
透率超过 100%。

在阿拉伯世界，数字产品的发展空间一直十分庞大，在信息

和通信技术领域，不能再说阿拉伯国家"全球性延误"。尽管存在着经济和技术障碍、阿拉伯语系统调整的难度、服务和上网费昂贵，相当多民众处于痛苦的文盲状态，但在短短 10 年，这些国家已补救了这种延误。

这种变化是必要的，因为对一个国家共同体来说，今天不可能远离数字人类。这种显而易见的局面迫使政府实施新的政策，将本国通信系统与全球通信网络一体化。然而，许多国家政府存在戒心，试图控制自由上网和使用网络。总之，不可否认的是，埃及"媒体城"、迪拜"媒体城"和沙特阿卜杜拉国王科技城的问世，以及"数字摩洛哥 2013 国家战略"和约旦网络规划，已经产生了不容置疑的连锁效应。从中可以看到信息领域的企业、工业和金融（尤其是银行）界以及科学界的影响。2013 年，萨拉姆世界网横空出世：它具有 Facebook 的全部功能，而且是采用阿拉伯语，迎合了伊斯兰教的道德要求。

如果说阿拉伯网民最初是借助英语或另一种外语连接移动端，这些语言很快被阿拉伯语取代，阿拉伯国家的网民大多数已经用上了阿拉伯语移动端。2010 年，阿拉伯语在互联网使用语言分级中名列第七，排在法语、俄语之前。这一过程尤其解释了阿拉伯语服务品种的大幅增长：应用程序、跨国公司商务平台、400 多家新闻机构的数字版、数字出版物诞生和在线销售；它还解释了阿拉伯语博客数量的持续增长。据研究人员伊万·冈萨雷斯－基哈诺透露，2006 年至 2010 年，阿拉伯语博客已从几千个上升到 50 多万个。在 YouTube 网站，我们还发现越来越多的资料信息（包括某些宗教信息）是阿拉伯语网民发布的。总之，阿拉伯国家及其国民从此属于数字人类。他们中超过三分之一的人掌握了密码并在个人或工作交流中使用，提出他们的观点，介绍他们的古今文化遗产。阿尔瓦拉克网站就是这样一家引人注目的虚拟图书馆，可提供众多阿拉伯古典作品。这一例子证明，阿拉伯人已改编了界面和图形，努力摆脱西方模式。最初，它只会单纯地模仿。从美学观点看，阿拉伯语网站的阿拉伯化受到了伊斯兰世界平面设计师的重大影响，尤其是在伊朗。在语言牢牢占领网络之后，阿拉伯人又让它摆脱流放状态，使其成为一种思考、交流和参与的现代工具。1987 年，蒙塞夫·马祖吉就此出版了一部书名为《阿拉伯人，如果你讲……》的作品。对讲阿拉伯语的人来说，掌握话语权，分享其丰富的文化遗产，了解他们过去和未来的历史时刻似乎终于到来。

阿拉伯之春发生时，突尼斯、埃及和利比亚上演的重大事件试图否认执政者的合法性，对这些国家的管理缺乏透明度、滥用公共自由和系统性腐败提出质疑。数百万人集会，使表面上牢不可破的制度发生动荡，有人将之归功于社交网络图片视频分享网站，它们在发布信息和动员方面有了新功能。大量证明以及某些国家（尤其是埃及和突尼斯）领导人激烈抗拒网民、博客及Twitter 写手，似乎证实了这种评价。

在穆巴拉克政权的最后日子里，博客和 Twitter 写手们取代了被关进埃及监狱里的穆斯林兄弟会成员。公共网络机构采取严控措施，试图掐断交流。我们还记得当时有超过 25 万条电话线停止运行，这是政治失望和绝望的表现。

　　无论是在阿拉伯国家，还是在世界其他地方，也无论是在俄罗斯。还是在中国或者美国，由于虚拟空间的出现，公共空间已发生了深刻变化。毫无疑问，我们每天看到的有关突尼斯、开罗、叙利亚和的黎波里的图片，产生了直接的、全球性的冲击。吉尔斯·凯佩尔就埃及发生的示威游行进行了令人震惊的描述："皮埃尔刚刚起床，他整个晚上都在拍摄事件经过并将图片上传到YouTube 上……这些图片很快被世界各大新闻网站转载。"

　　如果说争论是针对政府的合法性，却并未掩饰人们的深切担忧，尤其是新生代的年轻人。面对未来，他们感到没有任何希望，无论是社会还是经济。在阿拉伯世界里，不足 25 岁的年轻人占多数，他们有数千万人。

　　这类观察丝毫不会改变阿拉伯之春揭示的巨大变化。使用阿拉伯语互联网不再是持不同政见者的特权，以前他们要么在海外侨民群体中，要么集中在大城市。现在，网络已处于各社会的中心，被大量民众所掌握，无论他们属于什么信仰。这种显而易见的事实成为一种彻底的政治、社会和文化变化，不仅充分展示在阿拉伯世界，从此也会出现在世界所有的社会中。

土耳其

　　土耳其三言两语不容易说清，尤其是 2012 年以来该国经历了一场巨大骚乱，所有矛盾都聚集在一起：代议制与保卫宪法武装、

等待时机的伊斯兰教与共和国的政教分离、稳定政策与反现体制
传统。①在地缘政治上，土耳其称自己属于欧洲，持续 25 年的谈
判曾让它充满希望，最终未果让它感到自己被拒之门外，在上海
合作组织的成员国地位得到确认后，它又称自己属于亚洲。

土耳其共和国创建于 1920 年，来自远东草原部落、公元 6 世
纪的蓝突厥帝国和奥斯曼帝国，在好几个世纪中，该帝国曾扩张
到中亚、北非、巴尔干半岛、近东和欧洲部分地区，历史上拥有
许多名人，尤其是伟大的苏莱曼、阿卜杜勒·哈米德二世和阿塔图
尔克。鼎盛时它不可一世，衰退时跌入深渊，历史上，它在多元
化和保持传统之间摇摆不定。

土耳其有 8000 万人口，其中四分之一不足 15 岁，是近 20
年来地中海北岸唯一的真正濒海大国，经济和文化影响已延伸到
世界的许多地区。尽管这种愿望今天已名存实亡，但其外交政策
的立足点仍是"与邻国零问题"。

土耳其的雄心既体现在经济上，也体现在文化上，并在不计
其数的作品中反映出来，其中最重要的作品出自先后出任外交部
部长和政府总理的艾哈迈德·达武特奥卢之手②。

这种愿望常常被苛刻地认为是一种重建古奥斯曼帝国的野心。

---

① 1971 年爆发工人反现体制活动，1980 年以来库尔德少数民族的反现体制活动，
2007 年至 2008 年的非宗教力量和 2010 年至 2012 年的大学反现体制活动，最后
是 2013 年的一个混合联盟（包括该国的两个最大工会联合会）的反现体制活动，
人们聚集在塔克西姆广场，通过社交网络，发动民众参与遍及安卡拉、伊兹密尔
和该国几乎所有城市的游行示威活动。

② 该书名为《深度战略：土耳其的国际地位》，2001 年在伊斯坦布尔出版。

一些人不如说从中看到了它想加入大国俱乐部的企图，想它拥有的精神和物质资源足以影响在历史和地理上与它有关的地区，从而将自己的物质和非物质利益提高到极致。这样的地区不胜枚举：欧洲（土耳其在1996年与其缔结海关联盟，并吸引了其46%的出口）、中东、中亚和全球伊斯兰地区。土耳其是这些地区的一分子，其野心甚至可与欧洲国家相提并论。

20世纪90年代初，土耳其对银行业进行改革，净化公共财政和教育科研巨额投资，对教育①和科研大量投入，拥有世界上最高效的经济之一。它从私人直接巨额投资中受益匪浅，2001年、2007年和2010年，这一投资分别达到10亿美元、220亿美元和100亿美元，并吸引了2.7万家外国公司，包括众多跨国公司。在电信、纺织、家具、食品加工、银行和工程服务领域，土耳其拥有实力雄厚的工业和金融集团以及庞大的中小企业网，十分活跃，有利于国民经济的健康发展。该国旅游业也完全恢复，2012年接待的游客达3500万人，而2003年才1200万人。2010年至2011年，土耳其航空公司获得欧洲最佳航空公司的称号，10年间公司开辟的航线增加1倍，飞往112个国家，运送的旅客增长4倍。

显然，土耳其知道如何从全球化中吸取精髓来发展本国经济，2013年，该国GDP在全球排名第17位，并渴望在2020年前进入全球十强。

---

① 此后，该国每年有40万名大学毕业生。

如果说土耳其尤其重视发展与近邻的经济联系，如与埃及、约旦、叙利亚、巴勒斯坦、黎巴嫩和利比亚等国签订自由贸易协定，其野心却并非局限于中东地区，而是瞄准了蕴藏着丰富能源的中亚国家和非洲大陆。它在与摩洛哥和突尼斯签署自由贸易协定后，开始对其投资，并与阿尔及利亚达成友好、友爱和合作条约。此后，它将外交影响力延伸至撒哈拉南部地区，在那里开设了 20 多处使领馆，并将在非洲大陆所有国家采取同样的做法。2000 年以来，安卡拉已与赤道几内亚、喀麦隆、加蓬和加纳签署自由贸易协定，在非洲更多的国家充分利用土耳其语合作机构的资源。2008 年，土耳其政府邀请 49 个非洲国家元首参加土耳其 – 非洲峰会，吸引了世界的目光；2001 年，它与非洲大陆的贸易额为 12 亿美元，2011 年则达到 200 亿美元。

这些政策使土耳其 2010 年和 2011 年的经济增长率分别达到 8.9% 和 8.8%。这一增速在 2012 年全面下降，仅为 2.2%，而 2013 年和 2014 年重新上升至 4%。下降原因是国家执行了一项削减赤字的紧缩政策，导致公共投资和家庭开支减少，这也是对管理的重新定位以及工业集团业务转向出口导致的短期后果，还因为欧洲经济危机和叙利亚内战：前者减少了土耳其在主要贸易伙伴——欧洲大陆的市场份额；后者几乎导致其通往沙特和波斯湾酋长国的贸易通道瘫痪，而它们是土耳其的重要客商。

如果说通信技术的预期增长与世界同步，即 2007 年至 2013 年，移动电话用户增长 208%，目前用户数接近 8000 万，那么在网民数量方面，土耳其的排名却在欧洲国家中处于领先。这一成果应归功于国家的推动，当然也归功于该领域民族工业增加网络基础设施；归功于移动电话增加服务内容；归功于屏幕广告以及在线交易，2012 年土耳其的在线交易总额达到 250 亿美元。135 家当地电视台通过该国互联网提供电视节目，使其成为社交网络最活跃的国家之一。土耳其在该领域的影响力与日俱增，该国一些公司（如控制 60% 国内市场份额的移动电话运营商土耳其电信公司）已在中亚国家拓展业务，业务还覆盖希腊、俄罗斯和德国。这种扩展至少部分与语言和侨民群体有关。2010 年的汉诺威消费电子、信息及通信博览会吸引了千名参展商和 6 万多名行业专业人士，它们来自 67 个国家，有些参展商甚至到伊斯坦布尔参展，并试图在土耳其国内信息、通信和技术市场碰运气。2010 年，该市场总额达到 300 亿美元。

土耳其曾经是西方考古学家庞大而丰富的实验室，也是历史学家和东方艺术钟爱者趋之若鹜的热土和展示精致手工艺品的露天大舞台。总之，人们将它视为一个著名的、富有生命力的、古老的文明国度。然而，这个时代一去不复返，今天的土耳其是当代文化产品的一个重要驿站，伊斯坦布尔是全球艺术家梦想的辐射中心。2011 年，3000 多名外国艺术家选择在这里安营扎寨。此外，伊斯坦布尔还是全球第五大国际会议城市。这一地位解释了为什么在 2010 年的一场激烈角逐中，它能够战胜多个城市，成为欧洲文化之都。当然，这也得益于它"开放、面向未来和创造性"的申报资料。

土耳其当代文化发展比较特别。1920 年至 1950 年，它正好赶上了新共和国统一的需要。国家当时创建了三个肩负这一使命的机构：1924年创建教育部，1931年创建历史研究所，1932年创建土耳其语学院。1980年，上述机构并入高级教育委员会。1950年至1980年，土耳其的国家文化政策进入表面冬眠时期，当时的政治注意力转向加入北大西洋公约组织和欧盟的计划。1970年，土耳其共和国创建文化旅游部，当时的军政府尤其提到了"土耳其特色"的概念，但总的来说，这一时期的特点是文化畅通无阻。在恢复文化方面，私营部门功不可没。

企业家们希望自己的国家加入欧盟，他们意识到文化短缺，便在1973年创建了伊斯坦布尔文化与艺术基金会，此举发挥了决定性作用。短短几年，它让文化成为国家生活的中心，将伊斯坦布尔打造成一座享有国际声誉的文化城市，并对公众辩论做出重要贡献，该辩论后来给土耳其社会注入了活力。20世纪90年代，公众辩论一直没有停止过，它随国内重大事件跌宕起伏，尤其是1994年的国家文化大会、2007年的文化政策五年计划、1998年有关文化入欧的研讨会和2000年的国家文化报告。正是在这一背景下，私营部门和公民社会的代表启动了伊斯坦布尔市的参选计划，并最终使其成为欧洲文化之都。

参选使政府和公民社会代表、私营领域代表和地方当局携起手来，共同参与筹备众多文化活动，并在预定城市全面展开，以体现欧洲文化形式的多姿多彩。土耳其政府当时投入10亿欧元，用于保护文化遗产，翻新现有文化场所，修建新的设施，其中有四座大型博物馆：伊斯坦布尔当代艺术博物馆、考古博物馆、现代艺术博物馆和佩拉美术馆。这些设施进一步丰富伊斯坦布尔的现有博物馆，如萨基普·萨班哲博物馆和萨德贝克·哈尼姆博物馆及 280 个画廊、30 家剧院和 25 个音乐厅。伊斯坦布尔是 2012 年的欧洲设计之都。

我们认为伊斯坦布尔文化与艺术基金会的行动起了决定性的作用，因为它是国际音乐节（1973 年）、国际电影节（1984 年）、国际造型艺术双年展（1994 年）、国际戏剧节（1989 年）、国际爵士乐节（1994 年）和多学科艺术与文化节（2009 年）的发起者。文化节让作家、画家、电影艺术家、音乐家、建筑师、设计师以及国内、国际明星济济一堂。此后，其他一些庆典活动陆续登台，如国际舞蹈与技巧节和国际另类音乐节，它们使土耳其民间文化有了一个展示机会，而此类音乐深受阿拉伯和土耳其年轻人的喜爱。

土耳其文化创作已得到认可并通过不同方式得到肯定：1964年，电影艺术家麦顿·埃尔克桑的《干涸夏天》荣获柏林电影节金熊奖；1982 年，尤马兹·古尼的《自由之路》在戛纳电影节上摘得金棕榈奖；1983 年，埃尔登·基拉尔的《赫卡里的旺季》在柏林电影节上荣获银熊奖；2012 年，伊斯梅尔·吉讷的《点燃烈焰》荣获美洲大奖；作家奥尔罕·帕慕克的作品集荣获 2006 年诺贝尔文学奖，其著名小说《伊斯坦布尔：一座城市的记忆》就被收入到该作品集中。

这些回报彰显了半个世纪来土耳其文化在不利条件下取得的重要成果，例如审查，国家对文化的支持姗姗来迟，且缺乏热情。

此后，土耳其强劲的电影生产使其国产片市场份额在欧洲国家中排名第一，土耳其电影占所有上映影片的 50% 以上。这些回报也显示出这种生产对国外市场的影响，例如，近年来，在掌握音像领域技巧和技术后，土耳其电视系列片出现了罕见的生产势头并打入国际市场。2010 年，土耳其的电视系列片发行到 36 个国家并四处开花，其中一些系列片，如《苏丹苏莱曼的一生》《精彩世纪》和《被禁止的爱情》在某些阿拉伯语国家吸引了 66% 的观众。

这些系列片围绕日常生活或史上伟大传说展开，具有民族色彩、现代色彩和宗教色彩，在该国，这些因素必须通盘考虑。

土耳其文化产品在中亚、高加索、巴尔干、中东和北非市场享有的这种地位是它的一项重大成就。一些不具备这种能力、没有这种优势且最终无法施加这种影响的国家对此表示不满。土耳其电视产品进入众多国家的电视台，丰富了安卡拉当局在 20 世纪 90 年代采取的加强国际交流的措施：供突厥语社区观看的欧亚电视台、土耳其之声国际台、阿纳多卢通讯社，控制着重要的重组机构，如欧亚通讯联盟和突厥语国家新闻社联盟。这些措施使土耳其成为一个集新闻、文化和娱乐于一体的强大传播中心，获得了展示并捍卫其政治模式、利益和价值的重要手段，尤其是安卡拉策划的文物追讨战役。这些文物出自土耳其，却在西方著名博物馆内展示。

土耳其在实现国际文化推广方面拥有自己的撒手锏，世界很少有国家能够与其相提并论。由于有一套完整的公共机构，它的做法得到清晰确认并精准实施，影响到中亚的突厥语国家（这些国家是苏联解体后诞生的）、中东国家和国际阿拉伯语世界，37 个非洲国家最近也在与土耳其的合作中受益。它也影响到全世界，尤其是欧洲突厥侨民群。

苏联解体使安卡拉当局得以将本国变为中亚和巴尔干①的一个地区大国。实际上，一些国家（尤其是阿塞拜疆、土库曼斯坦和哈萨克斯坦）当时是作为独立国家在这块辽阔而肥沃的地区诞生的，它们与土耳其同根、同语言，某些宗教和文化习俗也相同。这些历史文化因素创建了一个共同的空间，成为多种合作的原动力。

土耳其允许这些新的国家进入国际社会，尤其是美国社会，并向它们提供一种与民主和伊斯兰有关的政治模式、一种市场经济，使其能获取新财源和先进技术。对土耳其来说，与这些新国家发展关系，强化了它对欧洲的战略地位，并使它能够获得这些国家的大量能源及其国内市场。土耳其还在世界一些地区建立起自己的势力范围，尤其是在俄罗斯、伊朗、欧盟和美国觊觎的地区。

有人将土耳其用于开展此类合作的整套机构喻为"文化战争机器"②。各方共同承担这一责任，目的是推广土耳其的政治模式、实现突厥语国家间的语言标准化、发展教育网络、按学科组

---

① 巴尔干地区包括希腊、罗马尼亚、保加利亚、马其顿、黑山和波斯尼亚。

② 皮埃尔·西里尔·巴列维：《全球相互依存时代的文化外交——土耳其追寻泛突厥身份的联邦化元素》，《国际研究》第 23 卷第 2 期，2002 年 6 月。

建大学网、颁发奖学金、资助科研以及生产和传播媒介产品。就本质而言，凡此种种，都是在复制西方大国自 20 世纪 60 年代以来开展的政治合作模式。

非洲

到 21 世纪中期，非洲人口将达到 23 亿，即占全球人口的23.6%，与 2010 年相比增长 10 亿。届时，全球每四个人中就有一个非洲人，而他们中 50% 的人将不到 25 岁。大西洋区域（欧洲和北美洲）将只有 12 亿人口，即相当于非洲人口的一半。这种比较充分显示了 21 世纪非洲人口在世界的分量、它的地缘政治的重要性及其市场。到 21 世纪中，非洲将是世界第二大文化市场，仅次于亚洲。

正如我们即将看到的那样，如果说非洲目前的文化活力正在向全大陆和国际扩散，其创作人员对世界文化版图正在进行的调整功不可没。目前，因缺少政府和私人投资以及该领域的机构严重不足，他们在不太有利的环境中努力工作。当这些条件出现变化时，世界将发现非洲当代创作的规模、特点、品质和现代性。尽管缺少支持，但众多作者仍在国际舞台上得到认可：维尔维尔·丽金、艾琳·塔森贝多和索尼·拉布·坦西的舞台艺术，阿尔法迪、帕特奥、切克·迪亚洛、玛丽－约塞·里努和科雷·阿尔多·苏的时尚艺术，乌斯曼内·苏的造型艺术，费拉·库蒂、马里亚姆·马克巴、塔布利·罗切罗等的文学。

　　提到非洲大陆，很难对其历史避而不谈。经过 50 年的独立，几个世纪以来非洲首次处于有利的战略地位。一方面，它的自然资源（农业、能源和矿产）越来越不可缺少；另一方面，由于非洲人口增长迅速，城市化步伐加速，加之一个多世纪以来，国家、地区和国际基础设施建设方面日积月累的延误，要满足整个大陆和居民的利益，投资需求量巨大。未来几十年非洲市场正处于或将处于强劲增长态势。从现在到 21 世纪中期，这一市场将增长 1 倍，届时有购买力的消费者将超过 5 亿人。这一定位使非洲领导人在谈判桌上有了筹码，包括国际投资在非洲大陆的对象和条件、外企和当地企业之间期待的伙伴关系、必不可少的技术转让和对非洲人力资源的依靠。

　　这种局面源自世界财富的全球性和实际再分配、数字时代的全面到来、创造经济增长能力的国际化和消费市场的全球性加速扩张。继亚洲和拉美之后，这一形势终于降临非洲。有人称，非洲的 GDP 将在 2050 年赶上欧洲。《经济学人》杂志在 2013 年 3 月的一期上发表了题为《一个充满希望的大陆》的特别报道。非洲的新局势是否能够补救这种因几个世纪的开采、破坏和被统治而导致的延误，就像非洲贸易的外向型性质所表明的那样？[①]

　　不可否认的是，非洲将从财富转移和数字世界全面到来引发的全球经济、金融和贸易重新洗牌中受益，它同样被卷入"这场

---

① 2012 年，非洲国家 80% 以上的出口是面向本大陆以外的市场，相同数量的进口来自大陆以外国家。

全球化运动，未来几十年全球化将填平两个多世纪来将北半球发展国家的小世界与南半球人类主体隔离开来的鸿沟"。非洲对欧洲大陆的长期依赖日益下降，这有利于它与亚洲国家的关系，亚洲国家已成为非洲的投资来源、主要市场和合作伙伴。最早从全球化中受益的中国，已成为非洲的第一大经济伙伴。印度、日本、韩国、土耳其、巴西和印尼均在加强与非洲大陆的联系，扩大影响，效果可谓立竿见影。2000 年至 2008 年，金砖成员国①与非洲之间的贸易增长近 8 倍，从 210 亿美元增长到 1600 亿美元。到 2030 年，这一数字将达到 4 万亿美元。非洲大陆与世界关系的这种正常化正在产生不可否认的效果，并逐步改变非洲人的生活。

2000 年至 2012 年，非洲国家的平均经济增长率达到 5.6%，是过去 10 年非洲最高增长率的 2 倍多，未来若干年，这一比例还将进一步提高。2013 年，27 个非洲国家（非洲大陆国家的二分之一）的经济增长率超过 5.5%，这一发展并非仅仅依靠能源领域。同一时期，对非洲大陆的国际直接投资从 2002 年的 150 亿美元上升为 2012 年的 460 亿美元。到 2020 年，国际直接投资将达到 700 亿美元。非洲的人均收入增长 40%，而在此前的 20 年却下降了 10%。在半个世纪里，非洲的贫困第一次减少，人们预测，非洲大陆的 GDP 将在 2020 年翻一番。非洲大陆内的物质和服务贸易获得缓慢却持续的增长，因其非官方性质，很难估算其

---

① 巴西、俄罗斯、印度和中国。

总额。2000 年，该贸易额大概占整个大陆贸易额的 5%，2012 年为 12%，2025 年预计达到 25%。相比之下，欧洲的大陆内贸易占 63%，亚洲为 40%。摩洛哥、南非、尼日利亚、科特迪瓦、加纳、埃塞俄比亚、毛里塔尼亚、乍得、肯尼亚、阿尔及利亚、卢旺达、喀麦隆和布基纳法索是这一变化的主要引擎。如果区域经济共同体继续加强，经济联盟计划得到落实，如尼日利亚与南非之间的自由贸易计划，这一发展将会提速。

2011 年 10 月，在巴黎召开二十国集团会议期间，非洲开发银行行长、卢旺达人唐纳德·卡贝鲁卡表示："毫无疑问，非洲一直面对巨大挑战，但今天它也是一块机遇之地。一个被认为将为增长做出贡献的大陆，今天全球经济迫切需要它。非洲，即我们的大陆，正处在一个转折点。与过去的停滞相比，这种趋势成为一个真正的起点。"

未来 30 年，非洲将有 10 亿人口出生，9 亿人口告别农村前往城市。这种大量流动将产生巨大的需求，从城市治理到安全、居住、教育、健康、环境和食品等基本需求。这种流动还将打乱劳动力市场，今天农业仍是非洲大陆的主要职业来源。当农村的就业岗位被放弃时，如何在城市中心创造同等数量的就业岗位？如何为 2050 年前出生的 10 多亿非洲人创造所需的就业岗位？

2015 年，非洲的网民人数为 3.3 亿，即占非洲总人口的近 25%，全球网民的 10%。2017 年，这一数字或许将达到 4 亿，即 5 年增长 100%，届时他们将占全球网民的 10%。仅有 8 个非洲国家的上网率接近 34%①的世界平均水平，而在非洲其他国家，这一比例低于 20%。总之，因手机的迅猛发展，这种局面瞬息万变。实际上，非洲的这一市场目前拥有世界上最强劲的增长率，即年增长率达到 40%。2012 年，非洲大陆只有 7 亿手机用户②，其中 2 亿为智能手机用户。到 2020 年，智能手机用户将达到 4 亿。到 21 世纪中期，或许超过 10 亿。《回声报》集团数字业务主管弗雷德里克·弗鲁克斯认为："非洲的发展之路是移动端。今天，超过 6000 万非洲人是用普通手机转款、领年金、付款、购买保险，他们从未与收款员打过交道。在肯尼亚，通过移动端的转款占 GDP 的 60%。"

如果这种节奏能够持续下去，非洲大陆将逐渐追回延误，在上网方面最终接近全球平均水平。总体上说，非洲将从全球互联互通中获得一系列好处：机构和企业可以利用与自己工作和职能有关的网络优势；民众将用上手机屏幕上的各种功能。

在文化方面，非洲原创人员可以通过手机欣赏非洲大陆和全世界的古今文化遗产，讨论计划，展示作品。许多人已经这样做了。他们还能够越来越多地使用非洲语言创作，这些语言正逐步进入互联网。谷歌和微软正全力以赴，经常对手机屏幕现有语言补充新的非洲语言。谷歌宣布，2013 年年底在翻译功能中加入豪

---

① 这 8 个国家是：摩洛哥（51%）、塞舌尔（43.2%）、突尼斯（39%）、毛里求斯（35%）、埃及（35%）、佛得角（32%）、尼日利亚（28%）和肯尼亚（28%）。

② 非洲手机用户数最多的国家是：尼日利亚、埃及、南非、摩洛哥、阿尔及利亚、苏丹、加纳和埃塞俄比亚。

萨语、祖鲁语、索马里语、约鲁巴语和伊博语；而微软公司也将斯瓦希里语补充到语言协议保留的十大民族语言中。

最后，非洲大陆进入数字时代有利于创作者们的相聚及文化服务和产品的创造、展示和传播。在尼日利亚、肯尼亚和南非，视频游戏产业从非洲大陆和居民自身经验中获得灵感，增加了产品，点几下鼠标，你便能够碰到达喀尔艺术村的租客们，他们是西非的主要造型艺术家，包括维耶·迪巴、穆萨·蒂内、伊布·迪乌夫、祖鲁·姆巴耶、易卜拉希马·凯贝、莫杜·尼安格、卡拉·法勒、拉明·比亚耶、埃尔·哈吉·希、伊斯马伊拉·曼加等等。你可以徜徉在金沙萨画家村的小道上，那里的作品将运动和色彩进行了完美的结合；在布拉柴维尔，人们会让你参观波图－波图画家学校，那里培养了一大批著名艺术家，包括费利克斯·奥萨利、热尔利·姆波和西尔维斯特·穆安德扎等。你还可以欣赏汇聚在约翰内斯堡艺术画廊的艺术作品，它们均出自南部非洲画家之手。如果某幅作品（例如朱莉·梅赫图的作品）引起你的特别兴趣，人们会引导你上该作者的网页，有的是个人网站，有的是专业网站。你可以参观其画室，欣赏其创作，了解其成长过程，知道他在何处展览作品，与哪些美术馆或画廊有商业往来。数字时代还为非洲大陆与散居在全球各地的非洲各大侨民群建立及发展关系提供了方便。

塞特移动电话公司

莫·易卜拉欣是苏丹的一位教授兼工程师，他曾要求西方电信公司扩展在非洲大陆的业务，因对回复感到失望，便决定创办自己的企业。他用 1600 万美元的启动资金和 5 名员工，创办了塞特公司，并于 1998 年在马拉维、赞比亚和塞拉利昂获得公司的首批许可证。公司面临的挑战是，向资源极有限的消费者提供移动电话服务。其模式是：消费者只需交少量预付款，即可获得移动电话服务。5 年后，公司在非洲 13 个国家开拓了业务，营业收入达 6.14 亿美元。2005 年，扎因集团以 34 亿美元的价格收购了塞特公司及其用户。这一冒险之举的真正受益者是塞特公司的客户。在刚果民主共和国的金沙萨和刚果共和国的布拉柴维尔两城修建移动电话服务设施前，这里每分钟的通话费用为 3 美元，要绕一大圈才能通达欧洲。修建移动电话设施后，价格立刻下降至每分钟 28 美分。仅一个月时间，两城之间的电信量就增长了 700%。

三星公司在非洲

2012 年 6 月至 2013 年 6 月，非洲对韩国巨人三星的产品需求增长 3 倍。三星在非洲大陆销售 100 亿美元的目标于 2015 年实现，公司驻非洲副总裁乔治·费雷拉在接受《非洲报道》的一次采访中回忆说，三星公司在尼日利亚组装电视，在塞内加尔组装空调，这些产品都是针对非洲市场的。公司正考虑在非洲组装某些型号的手机，如三星 Galaxy Pocket、三星 Galaxy Neo 和三星 Galaxy Star 以及平板电脑，它们不仅供应非洲市场，还将出口到非洲大陆以外地区。

到 2050 年，非洲人口将比现在翻一番。届时，非洲大多数地区将实现城市化，其中一些城市将出现在全球人口最多的城市行列之中。非洲还将是世界上人口最年轻的大陆，该三部曲（人口强劲增长、城市化加速和人口年轻化）表明，不远的将来，非洲人面对的需求和挑战将是惊人的，它让人隐约看见未来二三十年非洲市场的前景，这将是一个拥有数亿消费者的市场，其中大部分是城市人和年轻人。陆地、铁路和机场基础设施匮乏曾严重阻碍了非洲大陆的经济发展，所幸的是，它今天正在快速发展，届时将完全可以与世界其他地区的基础设施媲美。这将有助于地区经济的真正一体化以及大陆的统一，因此取代被哥伦比亚大学哲学家苏莱曼·贝希尔·迪亚涅形容为"遍地国家"的现状吗？

非洲国家和大陆坐失了一个发展机遇，非洲人迎头赶上的能力、21世纪中期20多亿非洲人的福祉和非洲文化在世界的影响力，将取决于对这一问题的回答。

否定与影响力

非洲漫长殖民期的结束和种族隔离制度的铲除终于使人类能够作为一个整体进行自我思考。今后，在这个整体中，任何人都不能也不应该被排斥在外。全球一家的主张，在这之前不管是虚幻的还是理论上的，现在终于有了实现的可能。终结殖民化和种族隔离制度曾在不同层面鼓吹白色人种优于黑色人种的论调，成为一个重大事件，它使人们重新审视非洲大陆及其人民的负面描述。在过去四个世纪，此类描述已侵入欧洲25代人的精神和评价中，并从欧洲蔓延到世界；并使人类能够作为一个整体进行自我思考，尤其是"承认人类家庭所有成员的固有尊严及平等的不可剥夺的权利"①。

在欧洲殖民列强精神和政治游移不定的时期，上千万男性和女性无疑成为这种漫长统治首当其冲的牺牲品。第二牺牲品是非洲的文化，它们无法向世界展示大陆的不同文明和它们表现宇宙、历史和生命的方式，也无法展现它们政治、经济和社会体制以及科技知识。非洲社会几个世纪来积累的精神、知识和文化财富就这样被贬低，从而入侵非洲大陆的外国文化资产由此受益。最后一次攻击发生在 20 世纪 90 年代，当时该领域因结构调整而满目疮痍，使国家对发展文化并提供所需资源的能力大大缩水。

然而，不能像焚烧森林那样毁灭文化。就在欧洲领导者们否认非洲文化遗产的价值时，非洲大陆的创作者和来自其他地区的一些创作者用殖民者的工具（实地调查、撰写并发表文章）证明，非洲人的精神和文化空间是多么的广阔，这些空间与其他文化空间有许多共同点，彼此之间有许多联系——桑戈尔时常提到这种双重性。在这一时期，非洲的文化实践活动已在世界文化中播下种子，如音乐、舞蹈、造型艺术和建筑学等借鉴了非洲的节奏、形式和象征。人类的想象从这些具有非洲特色的文化中得到养分。总之，当非洲文化受到殖民当局的打压和否定时，许多创作者（其中不乏名流）却从中发现了丰富的灵感源泉。然而，在这一持续几百年的时间里，前面提到的停滞阻碍了非洲文化在接触世界其

---

① 《世界人权宣言》序言。

他文化时的自我表现、发展和变化。

直到 20 世纪下半叶，非洲创作者才打破了这种地域标签，得到公认并将其作品纳入到这个独一无二的空间，他们特有的古老遗产以及现代遗产在这里得到结合。1956 年，《非洲的影响》杂志主编阿里乌内·迪奥普举办了第一届黑人作家和艺术家会议，并创建非洲文化公司，发起了一次声势浩大的正常化运动。所谓正常化实际上是拒绝导致慢性死亡的边缘化，鼓励展示非洲文化及其生命力和在世界的影响力。非洲文化公司在布基纳法索、布隆迪、喀麦隆、科特迪瓦、加蓬、加纳、马里、美国和海地引发了一股狂潮。

1958 年，非洲文化公司从联合国教科文组织获得咨询地位，创意活动不断：1959 年 3 月，在罗马召开第二届黑人作家和艺术家大会，主题是"非洲文化的一体性"；1966 年，在达喀尔举办第一届全球黑人艺术节；1969 年，举办阿尔及尔泛非节，1977 年，举办拉各斯泛非节。这些事件具有重要的历史意义，它们彻底抛弃了贬低或否定非洲大陆的思想、生活表现形式等方面的文化表演，这些文化表演认为非洲文化充其量也是原始社会的贡献。必须纠正此类错误，重新肯定非洲大陆文化财富的多元性、生命力、特殊性和普遍性。非洲文化公司在创建半个世纪后，成为非洲文化共同体，其首任主席是尼日利亚作家、诺贝尔文学奖得主沃莱·索因卡。这是多么大的变化！

如果按照西方政策和标准进行评判，非洲大陆的文化经济状况似乎一成不变，既无活力，也无影响力。除了尼日利亚的几个集团，没有一家提供文化服务、制作产品或在世界传播文化作品的大型国际集团在非洲落户，只有印度的、中国的、巴西的、美国的公司，还有极少数欧洲公司。Facebook、百度或 Yandex 这类国际公司和制造信息终端（如台式电脑、平板电脑和智能手机）的大型国际公司也一样。只有一些设在肯尼亚、刚果以及其他几个非洲国家的外国公司（包括中国、韩国、印度、美国、日本和俄罗斯的公司）提供数量有限的尝试性产品。非洲的这种地位是一种巨大的障碍，因为它在现代和当代长时间对外依赖，也因为本地科技水平与世界水平的差距。然而，这种依赖却未影响非洲大陆文化创作的生命力。

非洲的文化溪流

非洲是一个拥有杰出文化的大陆。各国首都、各个国家和地区的其他大都市都有着来自各个领域及各种传说、历史、传统、风格和语言的文化，它们在非洲大陆各地相安无事。非洲文化源远流长，催生了丰富的文化遗产，其价值在世界各地日益凸显。

在文化方面，非洲因源于独一无二的历史主张而独树一帜。某些主张曾激发起世界许多伟大文化的灵感，尤其是阿拉伯国家、美国和加勒比地区。因此，非洲文化的灵魂已扎根于世界文化的宝库中。在欧洲，一些人认为非洲文化的影响丰富了本国的文化传承；另一些人则将其视为对本国文化正常发展的一种障碍，这些国家在漫长的殖民期和后殖民期经济增长出现减速。奇怪的是，非洲文化从未主导过世界文化空间，却留下了深刻的影响，这种成就是了不起的，就像非洲的侨民群体。它在数量上也许是全球最大的，在全球分布也是最广的。

如同亚洲的当地民族一样，非洲古老的文化资本价值得到大幅提升，并影响着非洲的艺术创作。这种创作与来自亚洲、美洲和欧洲的当代创作同台共舞，并借助各种传递手段（包括互联网），进入非洲人的心灵和精神，尤其是新生代。这里仅举一例，非斯神圣音乐节与拉巴特节奏音乐节遥相呼应。一个有着各种传统并和历史有着千丝万缕关联的世界，与一个拥有各种发明并和当代有着千丝万缕关联的世界和平共处。

如果说西方文化长期统治非洲，它的某些载体（如法国国际广播电台和英国广播公司）一直享有某种声誉，这种垄断今天已被打破。从此以后，世界的任何一种声音都能在非洲听到，非洲的声音也越来越多地占领了固定终端和移动终端。在老牌殖民大国的文化中心之林，已出现了新兴国家的文化中心，如孔子学院，该学院在非洲大陆的数量与日俱增。文化产品也来自非洲不同地区，那里不仅拥有以宣传非洲为使命的媒体，如非洲 24 小时和南非 M-Net 电视网，还生产大量文化产品，如尼日利亚的电影、南非的绘画节目、中非的音乐节目以及摩洛哥和塞内加尔提供的大型聚会平台。许多国家、地区和非洲大陆的电视台、广播网及专业出版物构成了众多的新空间，推广文化产品和文化服务，有时也宣传创作人员。

这些成果至少部分源自辩论、创举以及与创意经济有关的投资和非洲大陆随处可见的新设施，这表明非洲已步入一个与文化、技术和经济有关的辽阔领域。目前，人类面临着两个问题：如何将非洲目前的创作引入时下的全球潮流中？在使用构成创意经济的技术手段和网络时，如何宣传非洲巨大的精神、文化和科学宝库？

早在 30 年前，非洲人就提出了这些问题。非洲曾就该主题举行过一次重要的辩论。政界领袖普遍把这个中心议题作为非洲未来的一个元素：1976 年在路易港通过非洲文化宪章内容；1991 年通过建立非洲经济共同体的《阿布贾条约》特别条文；2005 年内罗毕发表非洲文化复兴宪章，1992 年诞生《达喀尔行动计划》并在 2008 年的非盟峰会上升级，受该计划的启发，同年通过了有关文化和创意产业的《阿尔及尔行动计划》。这些领导人增加了政治内容，尤其承认需要可靠数据、创建制度工具和法律工具、追加投资、支持中小企业的创举、培育大陆和国际市场以及受众、保护知识产权以及非洲物质和非物质文化遗产。他们还指出，要提升创意文化领域的竞争力，提高该领域劳动者的经济条件并强调，要使用数字技术，提高产品质量并让其进入全球市场。总之，他们承认该领域可以成为增长和发展的原动力和就业的基地。这些内容成为非盟文化部长会议讨论的主题。

非洲相继采取的这些立场，和世界其他地区，尤其是欧洲的现行立场比较相似，却早于亚洲等大陆此后采取的立场。在这一点上，非洲没有延误。按照非洲民间的说法，非洲的延误在其他方面。但非洲未实施已制定的政策，整体上说，政府在制定国内政策时，没有能力兑现它们在国际和非洲大陆多边谈判桌上做出的承诺①。尤其是阿尔及尔行动计划，它曾建议设立一个负责创意产业发展的部门，对文化、旅游、工商业、外交和财政等部委的资源进行整合。

这种无奈也是某些深陷国内危机的国家的客观现实造成的，这导致包括文化领域里在内的所有政策成为一句空话。比如埃及和刚果民主共和国，这两个国家拥有丰富的文化遗产，但文化政策几乎一片空白。近几十年来，埃及的文化生产和传播受到国家的严格限制，作为阿拉伯世界文化制作中心的地位已大不如前。在刚果民主共和国，文化领域放任自流，国家很少介入，除了重大的活动，如"爵士迷幻"。当文化产品集中在音乐、造型艺术和戏剧时，这一情况更加令人不安。2012 年，金沙萨有近 50 家电视台、各种专业制作公司和展览场地，但好景不长，这些实体十分脆弱，创意经济政策仍遥不可及。

无论是在大陆层面还是在国家层面，许多非洲国家的公民社会都采取措施，挖掘创意经济潜力，组建大型联盟，以改变公众辩论的方向，为发展创造必要条件。2002 年，非洲文化政策观察所成立②，此后该机构的活动在非洲大陆与日俱增③。2007 年，非洲文化活动推广者网在布基纳法索诞生，同年，动脉网问世。

---

① 一些非洲国家已准备好文化政策条文，如摩洛哥（文化领域的新政策）。
② 该机构的成立得到了福特基金会、联合国教科文组织和非盟的支持，总秘书处设在莫桑比克。
③ 在雅温得举办"面对国际市场需求的非洲音乐产业"研讨会，贝宁双年展，马普托城市过去、现在与未来主体展，拉巴特城市及其遗产，文化与发展研讨会（阿克拉）。

在非洲大陆不同地区举办的年会加强并扩大了对创意经济的关注，确定了创意经济在非洲发展的必要条件。

由于非洲大陆经济形势的影响，技术滞后、公共政策限制以及文化企业罕有私人投资，非洲被边缘化了，这种边缘化也引起他们自己的关注和分析。

非洲创意产业要崭露头角并自我发展，取决于以下附加要素：基础设施和技术支持、风险资本、专业服务供给的市场，以及按文化生产要求培训并能应对竞争的劳动力。这些要素似乎在非洲大陆随处可见。

如同我们前面指出的那样，非洲已走上摆脱经济边缘化之路。这来之不易，它的发展之路将是漫长且布满荆棘的。然而，到2030年，非洲将脱颖而出，大型工业和服务领域逐步完善，新增上亿中产者将不是梦想；现在，世界各地都这样认为。

非洲文化的未来与摆脱这种经济边缘化息息相关。非洲的崛起将给大陆国家带来它们目前紧缺的资源，使它们能够有效落实该领域的公共政策，在许多国家，文化领域受到法规的大力支持。这种崛起将使私有经济主体获得所需资金，用于创建及发展创意经济领域的企业，还可用于构建国内、地区和国际文化市场，并将激励非洲和外国企业对非洲和国际文化产品流通所需设施进行投资。目前，这些正在非洲大陆试水，因制度、企业和资金资源十分紧缺，所以每走一步都十分谨慎。

从拉巴特、雅温得到约翰内斯堡，从达喀尔、尼日利亚大城市及大陆其他名城到金沙萨，文化创举和文化企业层出不穷，客商与日俱增，私人投资进入文化经济的各个领域。贝宁的新维达当代艺术博物馆便是一个具有说服力的例子。该博物馆完全由津苏基金会出资，免费向公众开放（18个月接待游客达400万人次），它展示的是非洲大陆最杰出的画作，展品出自艺术家乔治·里朗加（坦桑尼亚）、罗曼尔德·哈鲁梅（贝宁）、萨缪尔·弗索（喀麦隆）、布鲁斯·克拉克（南非）和马里克·西迪贝（马里）之手。该博物馆的首展，因展出了20世纪著名画家让－米歇尔·巴斯奇亚的作品而一鸣惊人。

非洲大陆的文化盛事能列入国际日程的不多，但并非没有，例如成为非洲大陆流行乐创作年度盛会的MTV非洲音乐大奖赛，成为时尚产业年会的尼日尔非洲国际时装节以及2010年在南非举行的世界杯足球赛。在已举办的其他大陆级文化盛会中，有的渴望跻身国际圈：1969年创建的瓦加杜古泛非电影电视节已成为非洲电影产品的一个国际市场；阿比让非洲舞台艺术交易会的重新诞生，再次向全球采购者展示出舞蹈、音乐和戏剧领域的当代文化精品；在约翰内斯堡举办的非洲电视节让该大陆的非洲和国际电视制作和传播专业人士汇聚一堂，形成一个庞大的全球市场。最近两届非洲电影节表明，非洲音像产品在加速且持续增长；约翰内斯堡双年展重新腾飞。必须说明，从2012年开始，世界排名第三的尼日利亚电影产业已开始按要求向非洲专用频道诺莱坞电视台提供产品。非洲众多文化盛会的地位也得到提升；达喀尔双年展、塞内加尔圣路易斯国际爵士音乐节；介绍非洲、阿拉伯地区和国际最佳影片的马拉喀什国际电影节；非洲文学界的游人开心节，2013 年该节在布拉柴维尔迎来了被誉为"活力四射的一代"的尼日利亚作家海伦·奥耶耶美、奇玛曼达·恩戈奇·阿迪契、海龙·哈比、泰茹·科尔和努·萨罗－维瓦，他们在全球英语文坛赫赫有名，法语文坛亦得到了非洲其他作家的充实。最后，非洲连环画也取得了可喜的进步，有的已完全非洲化，如《伏都足球》。

这些成就表明非洲的文化创作充满活力，展示了它为确保该领域产品的凝聚力、认知度及获取市场所采用的一些形式。它也证明越来越多的创举来自创业成功的个人或团体。尤索·恩多就是一个很有说服力的例子：这位塞内加尔音乐家拥有自己的录音棚、一家迪斯科舞厅和未来媒体集团，该集团包括一家广播电台（法语音乐台）、一个电视频道（法语音乐电视频道）和一份报纸（《观察家报》）。

说到媒体，人们会想起过去 25 年该领域经历的巨大变化。事实上，新闻领域已从一种源于殖民新闻的国家新闻，成功转向多元化的新闻，既有政府的也有私营的，既有综合性的也有专业性的。该领域还在非洲大陆有限的、所幸处于增长的产品中获得了新技术，并日益倾向于将自己定位为全球新闻的一部分。这些重大变化一直在进行中，但其走向表明，这个巨大的领域同非洲大陆的变化是同步的。根据无国界记者组织公布的《2013 年全球新闻自由度排名》，非洲的新闻自由度指数（34）最接近美洲（30），远排在亚太地区（42）、东欧（45）、北非及中东地区（48）之前。欧元区媒体享有的自由度指数更高（17），这尤其得益于北欧国家的出色表现。

今天，人们拥有最先进的技术载体，可以对非洲新闻进行更多选择，谁还愿意通过非洲人自己提供的数据、变化和建议去了解该大陆的事务呢？这些载体包括传统日报或周刊的网络版（其中大部分为国家级大报）；泛非电视台，如非洲24小时、南方电视台、非洲有线电视台、非洲之声、非洲新闻、诺莱坞电视台、麦莎电视台；通过手机转播的电台和电视节目或网络节目；专为网络制作的刊物（一些专业网站可以评估其重要性，例如汇集400个网址、1097种媒体、1757家旅游社和2160家企业及金融机构的非洲时代网）；政论组；公报发布机构，如刚刚搬迁非洲办公地点的非洲新闻组织。非洲国家在世界的声音仍十分微弱，但如果想听，毕竟能够听到。这一现实令人关注。非洲24小时电视台国际频道的口号清楚地反映了这一现实："世界新闻为非洲，非洲新闻为世界。"从此，非洲网络将与外国网络同行，非洲有线电视每天播放大陆10个国家的电视新闻综述。半个世纪前，非洲新闻几乎是一片空白，今天在艰难中逐步建立起来了。接下来要进一步巩固地位，创建更多内容，并在全球新闻经济的广阔天地里充分显示自己的地位。在实现这一目标过程中，它获得了新的动力，尤其是广告市场的持续增长。2014年，阿比让非洲舞台艺术交易会得到了多家机构的财力支持，还得到摩洛哥皇家航空公司、科特迪瓦航空公司、雀巢公司、可口可乐公司和哥伦比亚石油公司的支持。

还是言归文化：法语国家国际组织进行的调查表明，西非和中非的文化需求巨大，文化产能惊人，文化团体影响力日益上升，目前情况下，文化经济对该领域企业的最初结构和就业形成冲击。[1]调查还表明了国家的参与及政府规划在制度和资金上支持文化领域的性质。我们的分析是在非洲多个大城市（达喀尔、金沙萨和雅温得）进行的，结果符合法语国家国际组织的判断。非洲相关公司的文化创意不容置疑，但一直受到整体经济条件的影响，这种状况导致它们岌岌可危并丧失能确保其增长、市场培育和辐射力的动力。非洲摆脱经济边缘化将有助于该地区文化服务和文化财富的生产发展条件正常化，非洲本可以在 20 世纪为世界文化做出不可估量的贡献。

新的边界

非洲大陆是否注定要失败，继续边缘化，就像喀麦隆裔随笔作家阿克塞尔·卡布在其论文《论对外破坏性的依赖》中论证的那样？贝宁裔经济学家和金融家利昂内尔·津苏认为相反，他反驳说："非洲可以成为一个新的中国。"没有人质疑非洲大陆目前的起飞，包括卡布。虽然非洲在全球新一轮洗牌中再次受到青睐，但"世界经济形势的改变将足以让它重新回到被遗忘、苦痛和历史深渊中。今天发生的变化并非是非洲胜利的果实，非洲仍处于落伍中"。

"我们是新的边界，"津苏确信，"非洲的人均收入高于印度，

---

[1] 法语国家国际组织 2010 年在巴黎发表的题为《法语国家南部成员国的文化轮廓：对西非经济货币联盟三个成员国布基纳法索、科特迪瓦、塞内加尔的概述》的报告对中部非洲的喀麦隆、刚果和加蓬进行了类似研究。

贫困正在减少，经济增长高于全球平均水平，而且它不再仅仅依靠开采地下矿产及其出口。如果我们能将仍过于分散的市场成功进行整合，经济增长将更加强劲。此外，到 2050 年，以年轻人为主的非洲人口将占世界人口的四分之一，这将是一个可观的市场，非洲的中产阶级将超过 3 亿人。我并非是在描述一个理想世界，但是，对于'非洲人未来生活是否会更加美好？'这一问题，答案是肯定的。"

新型产业！正常情况下，它包括涉及文化的产业。这些产业已在非洲大陆引起众多涉及创意经济（当然也涉及投资和成果）的辩论，从摩洛哥到尼日利亚，从南非到布基纳法索，从加纳到肯尼亚，随处可见，此类辩论说明非洲正进入这种与文化、技术和经济有关的新领域。非洲大陆与世界其他地区的新老合作，尤其是由金砖国家主导的合作必须得到足够重视。与金砖国家的合作今天虽然还未全面展开，但已出现零星的创举，如巴西、俄罗斯、印度和中国参加了 2011 年的约翰内斯堡国际动感艺术节，2012 年由 10 家公司代表中国参加非洲电视节。这是一种庆贺非洲创意的举动，也是在非洲大陆促进一种真正文化经济的形成和巩固，分摊其投资并将其纳入该领域国际圈的另一种方式。在与金砖国家的谈判中，非洲国家应坚持将创意经济列入合作项目中。

然而，如何将非洲的文化创作纳入创意经济，并将其巨大的精神、文化和科学财富与构成这种特殊经济的技术载体和网络连接起来？在 2013 年瓦加杜古电影节期间，1986 年诺贝尔文学奖得主沃莱·索因卡在对非洲社会科学发展与研究理事会成员提到了这种必要性。如果纳入成功，它将有助于世界文化版图的更新。

拉丁美洲

　　我们对世界各地区的观察将在拉美结束。某些拉美国家属于现实或虚拟世界的强者，尤其是巴西和墨西哥，到 2030 年，上述两国的人口将分别达到 2.2 亿和 1.4 亿。这是多么大的变化！实际上，美洲大陆南部因受欧洲列强殖民和美国的持续统治，一直处于边缘。这一历史定位决定了该大陆的经济性质，它和非洲大陆一样，根据外部利益来考虑和发展。

　　在改变拉美地缘政治定位的同时，全球化大体上改变了其历史状况。在扎根大西洋区域几个世纪后，今天的拉美正转向太平洋区域。鉴于拉美与新兴国家尤其是中国（已成为拉美的第一大贸易伙伴，甚至超过了美国），建立并且不断发展的新型关系，有人甚至提到"转向太平洋"。拉美从这种变化中获得了巨大利益，前所未有的事实是，从比例上来说拉美是世界上外国直接投资最多的地区之一（2010 年，巴西和墨西哥的外国直接投资分别达到480 亿美元和 200 亿美元），整个地区的经济增长率（2011 年为3.1%，2012 年为 3.8%，2013 年为 3%）高于欧洲和美国。21 世纪以来，拉美已创造 3500 万个就业机会。简而言之，在经过一段漫长时间的"不佳表现"后，拉美"已进入一个强劲增长期"。

　　拉美次大陆是玛雅文化的发源地，用墨西哥伟大作家奥克塔维奥·帕斯的话说，"这个印第安世界已被国民教育小心翼翼地关上了大门"。它是墨西哥的现实，也是拉美次大陆以及世界其他地方的现实。

所幸的是，拉美土著民文化已被列入原始奇珍名册。不幸的是，它们被看作是历史的痕迹，虽然有人试图将其纳入当代世界，但没能成功。这些祖先享有盛名的人，为让自己的集体权利得到承认而进行的战斗还未结束，但最近在国内和联合国取得重要进展。这是土著人全球动员的结果，尤其要归功于网络，对 3 亿土著人（其中大部分生活在拉美各国）来说，这些法律和政治成果具有重要意义，当然对证明和保护文化多元性，包括承认所有这些文化遗产（如土著民族的文化遗产）同样具有重要意义。

今天，制定一块不包含拉美，当然还有北美洲、亚洲、非洲和欧洲民族成果的文化版图根本不可能。而 25 年前，它们中的任何一个都不在此列，它们的身份和存在鲜为人知或被否认。然而，拉美的丰富文化遗产至少是该地区旅游业蒸蒸日上的部分原因，其游客量是世界其他地区的 2 倍以上。

由于历史原因，拉美地区传承了两种欧洲文化（西班牙和葡萄牙），其现时和未来的影响力越来越取决于它们在拉美社会的扎根度，而非取决于其欧洲发祥地。在文化和语言的影响力方面，西班牙和葡萄牙如果单列出来，在全球格局中算得了什么呢？法国是否面临着相同问题？如果没有非洲，它的文化和语言又有什么长期影响力呢？今后，大部分说法语的人将生活在非洲。同样，如果没有巴西，葡萄牙语将立刻边缘化；没有墨西哥，西班牙语在国际社会将失去最重要的成员国，这里还没算哥伦比亚、阿根廷、智利和秘鲁在这个社会中的分量。总之，欧洲语言的影响力和未来将来主要看在欧洲大陆以外地区：西班牙语和葡萄牙语的影响力和未来将来主要看拉美，法语则是将来主要看非洲大陆。这种现状也成为正在重构的世界文化版图的组成部分。

1880 年至 1930 年，来自欧洲和亚洲（尤其是日本和中国）的上百万移民，在进一步丰富拉美次大陆土著多元性方面功不可没，7.5 亿拉美人是这一多元性的结果。大部分玻利维亚人是土著人，85% 的墨西哥人是混血或土著，75% 的哥伦比亚人是混血儿，在 2 亿巴西人中超过一半也是混血儿。人种的混血成为拉美文化的精髓。

拉美近代史上发生了深刻的变化。在对内方面，它摆脱了几乎在整个大陆上控制公权、滋生腐败和破坏公民社会的专制制度。这一制度的受害者数以十万计，这个时代已一去不复返。此外，按照不同的方式，拉美国家政府进行了经济改革，只有极少几个国家不在此列。公共财政进行了清理整顿，公共赤字下降，通货膨胀得到控制。在 20 世纪 80 年代，拉美的通货膨胀率达到不可思议的比例：阿根廷和巴西分别达到 2300% 和 2500%。这些改革也渴望强化银行领域并制定了有利于投资的条件。在这个世界上财富分配最不平等、贫困率最高的地区，这些调整在第一阶段曾引起民众的强烈反应。

与这些政策同行的是地区经济一体化的众多创举：安第斯国家共同体、中美洲共同市场、南方共同市场、玻利维亚－墨西哥和智利－墨西哥自由贸易区、玻利瓦尔人民联盟，以及拉美地区国家共同体。这些创举有助于区域间的贸易增长和整个拉美的进出口，强化私人领域，增加"多国公司"，即出现在拉美大陆两个或多个国家市场上的公司。

在第二个阶段，这些调整尤其可以巩固民主制度、复兴公民社会，让巴西及该地区众多国家的数百万人口摆脱贫困，有利于培育中产阶层。

在对外方面，拉美与世界的关系也经历了一场重大改变。墨西哥成为北美自由贸易协定成员国，中美洲国家已与美国和多米尼加共和国达成自由贸易协定。由于欧盟未能如愿与拉美国家签署协定，最终与巴西和墨西哥结为战略伙伴关系，与智利达成合作协议等。这是 1999 年的欧盟和拉美及加勒比地区国家共同体峰会的结果。在世界大西洋区域取得的这些重要成果首先反映了拉美的国际关系理念，包括经济关系、发展网络以及捍卫已获得的利益。

因全球贸易的巨大变化，这个世界即将发生内裂。短短几年，中国已经成为拉美第一大经济伙伴，在巴西、智利、墨西哥、阿根廷以及其他许多国家打开投资和跨太平洋贸易之路，在历史上首次将美洲南端与世界东方连接起来。这种联系为创建拉美－东亚合作论坛提供了机会。如果说拉美与印度的关系在政治方面相当融合，尤其是在国际组织的民主化和国家的社会使命方面，但在经济交流上却相对有限，仅为 100 亿美元，只相当于与中国贸易总量的五分之一。1990 年至 2005 年，身为二十国集团成员的

巴西已从全球经济总量排名第十五位跃为第七位，从此进入"新
兴国家俱乐部"。墨西哥则处于第二梯队的前列。

　　21世纪初以来，拉美成为全球范畴内国外直接投资增长最多
的地区，失业率不断下降，贫困率尽管仍保持较高水平，却是"近
30年来最低的"。仅在巴西，估计就有5000万人脱贫，即占总人
口的四分之一。因全球化带来的金属、能源和食品需求，国际出
口大幅增加。与人们的固有想法相反，拉美的出口产品并非仅限
于地区自然资源，也涉及工业产品和先进的技术产品。最后是贸
易平衡，尤其是巴西和墨西哥已摆脱了贸易逆差。总之，2000年
以来，拉美重建了与世界的经济关系。过去一直限于大西洋区域
的拉美经济，增加了亚洲和非洲大陆，它们已成为拉美的重要伙
伴，也是其国际投资的新成员。

　　拉美取得的不容置疑的进步让该次大陆国家得以提高公共投
资，包括文化领域。许多国家按欧洲的主要政治模式来规划，大
力支持文化发展。

　　在电影领域，美国的竞争向来是激烈的，但拉美大陆的产品
处于增长态势并保持自己的地位。阿根廷、墨西哥和巴西每年生
产的影片达300部，南美次大陆的首都和大型城市已修建了大量
多厅影院。处于持续增长的拉美音像产品在世界上一直享有巨大
的影响力。某些作品，尤其是环球电视网的产品，在全世界取得
了名副其实的成就。2003年以来，对拉美尤其是巴西和墨西哥音
像业来说，国际市场变得比国内市场更重要。仅在巴西，电视连
续剧就超过300部，其中大部分质量都不错。这些产品在100多

个国家播放：欧洲（37%）、非洲（25%）、美洲（22%）和亚洲
（10%）等。

此类出口（加上印度和尼日利亚的音像产品出口）使这些新
兴国家成为仅次于美国的全球最大音像产品传播者。印度和巴西
把它们在世界其他地方（尤其是欧洲和亚洲）拍摄的片段剪辑到
自己的产品中，这种做法非常有趣。

在音乐领域，拉美尤其是加勒比地区（祖克乐和克里奥尔乐）
的产品早已打入全球市场，尤其是西方市场。雷鬼、探戈、桑巴
和萨尔萨等无疑是拉美的原创，它们在当地作品中，当然也在国
际作品中被不断演绎。文学的情况亦然，加勒比地区文学，尤其
是海地文学和次大陆文学极为繁荣。

最后，地区组织内部已制定相关文化政策，如南方共同市场
内部已设立地区基金，对艺术家采取特殊签证制度。一些大型盛
会吸引了整个地区的创作人员以及国内外公众：和印加人庆贺太
阳神的太阳节；吸引世界各地戏剧爱好者来波哥大欢聚的伊比利
亚美洲戏剧节；布宜诺斯艾利斯世界探戈锦标赛；最重要的西班
牙语电影庆典——瓜达拉哈拉国际电影节；圣保罗双年展以及被
誉为"世界最大节庆"的里约热内卢狂欢节。拉美最先进的国家
已出台稳健的文化政策，这无疑将促使文化成为一个有利于经济
发展和社会凝聚力的重要领域。

争夺地区电影发行网的各种战役已经打响，该地区影院上座
率处于增长态势。其中，最激烈的竞争将在墨西哥的院线运营商
Cinépolis 公司（其业务主要在中美洲以及巴西、秘鲁和哥伦比亚）

和巴西的龙头老大环球电视网之间展开，它们试图掌控在拉美 12
个国家拥有 1300 家影院的阿根廷霍伊特斯集团。最近，美国自由
收购控股基金进入巴西最重要的普里斯马集团，该公司拥有电视
台和广播电台。总之，该地区和世界其他地区一样，对发行渠道
的争夺引发了一场战略大战，处于全球文化空间重组的核心。

2012 年，拉美互联网用户的占比为 42.6%，2015 年达到
55.9%。这一数字掩盖了巨大的不平衡，如果说 2012 年阿根廷
的网络渗透率为 66%，哥伦比亚为 65%，智利为 58%，巴西和
墨西哥则分别只有 47% 和 38%。在这两个国家，这种延误很快
得到补救，2016 年巴西和墨西哥的网络渗透率应该能分别达到
57% 和 46%。在网民规模方面，巴西位列全球第七，其网民占拉
美的 35%，即 4580 万人，其中三分之二不到 35 岁。此外，巴西
人拥有 1.55 亿部智能手机。这些人使用西班牙电信商 Telefónica
公司和巴西环球在线公司的服务，服务内容几乎与谷歌公司相
同。他们花在虚拟空间的时间有三分之一是上社交网，网民每月
浏览的视频平均达到 330 个。在电子商务方面，2012 年的交易
总额达 197 亿美元，巴西人最常光顾的国内购物网站是魅卡多网
（MercadoLivre）①、Americanas 网和 UOL 购物网，然后是沃尔
玛网。

拉美最先进的国家拥有稳健的文化政策，而且加大了在数字
领域的投入。哥伦比亚、智利和拥有文化产业观察所的阿根廷属

---

① 魅卡多集团是电子港湾的合作伙伴。

于这一类别，此类国家由位于拉美次大陆两端的巴西和墨西哥主导，被视为地区排头兵和国际文化机构的主要文化伙伴。

巴西

自卢拉总统 2002 年执政后，巴西的文化发展不断升级。人们用"文化政策的蝶变"来概括这一目标，即将国内包容、国际扩大影响变为这一宏愿的最终目的，它包括文化，但又超越文化。这一蝶变有助于国家为实现现代化而进行的长期斗争，也有助于在"强国之路"上继续前行，包括翻新国家的基础设施并将它们标准化，保持本国货币的稳定性，控制公共债务，让经济部分自由化，启动土地改革，并彻底审视其庞大的农业和食品领域。人们将这两场运动形容为"农业革命"。仅仅半个世纪，"这个传统的农业国家"便一跃而为世界上城市化程度最高的国家之一：2015 年，近 90% 的巴西人生活在城市。结果是令人信服的，也是一致的：失业率大幅下降，贫困明显减少，重要项目的收支平衡得到恢复。例如，2002 年以来，收支已变为顺差，累计盈余超过 3000 亿美元，客源日益多元化，主要来自亚洲。有人提到了巴西成为世界第五经济大国的可能性，这一排名高于英国和法国。

1990 年，巴西在全球经济中的排名为第十五位，2010 年为第六位，这是全球化和由中国启动的南南关系发展带来的影响，2009 年以来，这个亚洲新大国成为巴西出口的第一经济伙伴，位列美国之前。1995 年，中国和巴西间的双边贸易总额为 13 亿美元，2000 年达到 40 亿美元，2011 年为 440 亿美元，相当于巴西与整个拉美地区的贸易额。这些贸易带来了巴西和中国工业集团的合并，两国专家携手制定大型联合研究规划。同样值得一提的是，巴西与非洲的贸易也稳步增长，从 2000 年的 32 亿美元上升到 2010 年的 150 亿美元。

巴西的文化雄心也属于正在改变这个国家的大型复兴工程之一。在该领域，国内包容、国际扩大影响是它追求的最终目标。

经过不同阶段（在全国范围内进行咨询，起草文化方面的《21 世纪议程》），动员各级权力（联邦政府、州政府和地方政府）以及该领域的有关机构，巴西的文化新政最终出炉。该政策的实施得益于公共权力的支持及其可观的资源，当然也得益于经济领域的私营部门。设在里约大学校园中心的创世纪学院，是技术、文化、珠宝和社会发展领域的一个孵化器，表明了研究人员的贡献。该国最大生产商和发行商之一的圣保罗商贸社会机构的目录则代表私营公司的贡献，这些公司尤其支持建立文化中心网，如联邦储蓄银行文化中心和巴西银行文化中心，这些设施全部由巴西银行投资兴建。

根据要求，2012 年文化部获得 30 亿美元的年度预算。在它的领导下，文化领域的公共政策得到一大批公共机构的执行，尤其是负责多元性的国务秘书处、创意经济秘书处、国家艺术和历史遗产学院以及巴西国家通讯社。文化部也负责咨询和协调上百个由各州和地方当局设立的委员会和文化机构。在该国，文化是一项公共事业，90% 的文化投资由政府承担，只有音乐例外，因为全国人民都热衷于创作音乐，它几乎是自发性的。在巴西，有80% 的本国人在听音乐。

"桑佩斯艺术学院"是名副其实的培训和创意文化中心，很快就会遍布全国。今天，已有近 400 个中心投入使用。得益于著名的"硅谷文化"计划，文化活动入场券免费提供给有需求的民众。2010 年，1700 万巴西人从该政策中受益。巴西还致力于生产反映其文化内容的产品并大力推广，国家也给予一些优惠，如巴西电视节目实行的配额政策。

方便获取、促进多元化和提升本地文化的价值，是巴西文化政策的核心内容。该国文化由多种遗产组成：土著民族的遗产、源于苏丹和几内亚文明的遗产、源于欧洲的遗产，还有亚洲文化的影响。巴西的身份来自世界各地"流亡民众"之间的长期共处。按照吉尔贝托·弗雷尔的说法，巴西的特点来源于各种族之间的"频繁"混血。这种混血逐步使该国文化作品熠熠生辉，就像马查多·德·阿西斯、欧克利迪斯·达·库尼亚和若热·亚马多的作品所证明的那样。

在国际方面，由于这个美洲大陆最南端国家（拥有 1 亿混血儿）与撒哈拉沙漠以南的非洲大陆居民之间的文化融合，巴西政府首先在拉美国家和非洲国家展开行动。在拉美的行动优先在南方共同市场内展开，正如我们前面提到的一样。在巴西利亚政府的倡导下，南共体内部创建了若干个地区基金用于发展文化。该行动还得到巴西电视台国际频道的积极响应，其覆盖面逐步延伸至整个次大陆。最后，我们还要强调巴西著名电视肥皂剧的全球影响力，它已在全世界广为流传，这种影响被喻为"意识形态帝国"。巴西政府也参与了《保护和促进文化表现形式多样性公约》的准备、承认和捍卫。这些成果虽未将巴西变为一个文化大国，然而不容置疑的是，该国的影响力正在上升。

墨西哥

大家普遍预测，不远的将来，墨西哥将进入全球经济排名前十位。该国最近的经历更具有说服力，无论是获得的投资，还是出口目的国，墨西哥目前的定位都表明它越来越多地融入全球经济并获得成功，包括高科技领域：航空、汽车、音像设备以及触屏（该国是世界上最大的触屏出口国）。

2010 年以来，该国接受的外国直接投资总额不断增长，2011 年为 250 亿美元，2014 年为 260 亿美元，主要来自墨西哥的传统伙伴北美洲和欧洲，但也有来自亚洲和波斯湾酋长国的。这些投资一半以上集中在工业领域，当然也涉及其他行业：金融服务、保险、通信、农业食品、自然资源出口和艺术，包括娱乐。

2000 年至 2010 年，该国的出口额已从 1660 亿美元增长至 3400 亿美元，这一增速甚至超过了 100%，具体情况如下：北美洲和南美洲市场增长 98.2%，欧洲市场增长 229.5%，亚洲市场增长 574.6% 以及非洲市场增长 1674.9%。新增目的国如下：中国、印度、韩国、新加坡、南非、阿尔及利亚、尼日利亚、哥伦比亚、巴西和智利。这就不难理解墨西哥出口服务机构为何设在北京、孟买、首尔、上海、新加坡、台北和东京了。毫无疑问，在墨西哥经济中，北美洲的投资和市场一直处于主导地位。不过，该国长期以来寻求的多元化正在形成并不断发展：今天，墨西哥的投资来自世界不同地区，服务和产品进入的全球市场不断增加。

这些巨大成果是墨西哥经济长期努力的结果：能源领域的部分私有化并向外资开放；广泛的多党协商制；电信领域引入竞争机制并建立调节制度；大型工程，尤其是港口设备和铁路运输领域得到了中国大型集团的支持；彻底修订旅游政策，旨在将该国的全球旅游目的国排名从第十位提升至第五位，到2018年力争接待5000万游客。

近20年来，墨西哥明确表达了文化意愿，其长远目标是成为一个真正的全球性经济大国，充当国际西班牙语社会的辐射中心，重视墨西哥人所说的"企业文化亲合力"。在促进经济中，别忘了西班牙语是22个国家的官方语言，位列世界最常用语言第三名，到2050年，讲西班牙语的人口将达到5亿，其中1亿将生活在美国。按照宪法，墨西哥31个州有文化政策管辖权。联邦层面没有文化部，但有许多地方文化机构。经各州同意，中央政府于1998年设立了全国文化与艺术委员会，使命是协调地方倡议，对该领域的机构设置提出建议，确保其独立性，支持创作，保持对墨西哥创作者及其作品的影响。

墨西哥总统在《世界报》上表示："我们的目标是把墨西哥变成西班牙语及其文化产品（如电影、文学、广播、新闻、电视和高等教育）传播的全球领袖。墨西哥作为最大的西班牙语国家和

拉美第二大市场，在各国的大合唱中肩负着重要责任。"这一目标
正在变为现实。

2006 年以来，该国对教育事业进行大规模投资，支持创意经
济（被全国政府指定为战略部门），并加大对电影和音像生产领域
的支持力度，重新制定了政府援助政策，除了税收优惠，对新的
规划、音像基金、国家电影制作与发行公司和激励电影投资基金
也给予全力支持。毕马威在 2010 年的世界竞争报告中谈到墨西哥
时称："在 102 个研究对象国中，该国在发展多媒体服务和产品中，
包括视频游戏和手机终端产品，具有最重要的成本优势。"

墨西哥政府和私营企业均意识到：不远的将来，多媒体产业
将迎来重大发展机遇，甚至是媒体和娱乐产业的 4 倍[1]；他们的国
家将成为全球最重要的 15 个市场之一，也是拉美最大的西班牙语
视频游戏市场；另外，该国属于伊比利亚 – 美洲共同体，该共同
体拥有 4 亿讲西班牙语的人口，其中近 6000 万在美国（比 2000
年多 50%），而墨西哥是该共同体的第一大国[2]。

因此，他们大规模投资创意经济（该经济被正式确立为该国
第三大战略产业，仅次于航空和农业）。在位于哈利斯科州的瓜达
拉哈拉，政府计划建设一个数字文化区，就是最吸引眼球的例子，
该投资计划寄望于将瓜达拉哈拉这座城市打造成整个拉美地区多
媒体发展的样板。这项开发涉及电影、电视产品、数字动画、特

---

[1] 2008 年，全球创意产业的产品和服务出口总额达到 3760 亿美元，其中 43% 来自
新兴国家。2013 年，此类产品的出口总额应超过 5500 亿美元。
[2] 2010 年以来，除墨西哥以外，美国的西班牙裔比拉美任何一个国家都多。

殊效果和视频游戏。该州已有 700 家行业企业，员工达 9 万人，对哈利斯州的出口贡献率达到 60%。毫无疑问，它涉及拉美最重要的多媒体项目，该项目的开发得益于麻省理工学院的支持。墨西哥并非白手起家，它已是一个电视生产大国，拥有一大批制片公司，包括卡克森媒体集团、拉尔瓦公司、加纳纳电影公司、吉罗斯科皮克制片公司、西瓦尔巴制片公司和拍摄《2010：墨西哥英雄 200 周年纪念》影片的内吉制片公司。曾创建普元数据公司的卡洛斯·古铁雷斯将墨西哥在该领域产业的最终愿望归纳为："我们想通过一种通用语言来庆祝自己的文化和传统"。

墨西哥的音像产品已进入 110 多个国家，十几亿电视观众通过 10 种语言观看。2010 年，墨西哥创意经济的服务和产品出口总额超过 60 亿美元，是巴西的 4 倍多，超过拉美（含加勒比地区）所有国家在该领域的产品出口总额。而其产品在本国也大受好评。2000 年以来，该国的电影产品处于增长态势，从 21 世纪初的 17 部上升到 2011 年的 67 部。如果 2000 年观看电影的观众为 1.3 亿人次，创造的票房收入为 4.33 亿美元，2010 年，有 1.89 亿墨西哥人光顾影院，票房收入增至 7.31 亿美元。

这一成果得益于该国的文化多元性、人口混血及地处北美洲和拉美间的位置。不容置疑的是，墨西哥文化使印第安地区的民族价值（其城市、建筑、精神和文化遗产是一笔巨大的财富）和西班牙语征服者的价值能够相安无事。墨西哥的另一特性是与美国为邻，拥有大量的共同人口，使经济一体化得到推动。然而，正如一位墨西哥文化专家所言："首先，墨西哥是而且一直是墨西哥……它拥有一种不受外界影响的文化身份，这种状况归因于一种全球史无前例的，也无可类比的全方位努力。"从 1920 年开始，墨西哥便发明了一种"文化方格"，让所有传承得以同生共处。

除了经济和贸易利益，其他原因也证明这种选择和巨额投资的正确性：掌握未来技术、开发优质职业市场，通过创造多媒体产品，将文化传播出引入娱乐领域，当然也包括其他领域，尤其是教育和培训领域。为了实现这一宏愿，即让墨西哥成为经济、文化和语言方面的巨大推动力，该国寄望于更低廉的生产成本和大量专业劳动力。每年有超过 12.5 万名墨西哥年轻人获得工程学或与创意经济有关的证书：剧本、游戏编程、设计、人造语言等。该国也寄望于主要分布在拉美、欧洲和美国的全球西班牙语大市场，它将自己定义为"全球西班牙语数字潮流的引擎"。关于美国的西班牙语市场，我们还是看看卡洛斯·古铁雷斯是怎么说的："我们离美国西班牙语市场越来越近。我们的大邻居近 30% 的人口讲西班牙语，他们希望得到一些有助于了解自己身份和祖籍文化的内容。这条路成为进入世界的可靠入口。"

我们在前面提到有助于全球电视节目多元化的变化，它终结了垄断，甚至结束了西方对世界大事报道和解说一统天下的局面。这些变化也有利于在西方以外增加国际文化机构和大型盛会，进而丰富全球范围内的文化服务供给，它还有利于艺术市场的国际化，直到昨天该市场仍几乎限于世界的西部。这类证据比比皆是。在本章中，我们考察了世界各个地区，确定了新的文化创作、生产和传播极，它们证明各国的文化目标，无论是国内的还是国际的，正有条不紊地变为现实。从俄罗斯到中国，从土耳其到墨西哥，从波斯湾酋长国到印度，从巴西到尼日利亚，支持文化发展的政策与私人投资结合起来，无疑有助于世界文化版图的重新确定。

在这些政策中，中国希望文化领域的产值在 2016 年占到 GDP 的 5%，而 2009 年为 GDP 的 3%；新加坡将国家的文化预算提高 1 倍；印度现阶段将发展国内市场与提升国际影响力相结合；波斯湾一些国家，尤其是卡塔尔和阿布扎比，大规模投资发展文化设施，增强其在世界的影响力；伊斯坦布尔文化与艺术基金会，是让土耳其成为全球性的文化极；俄罗斯政府从 2000 年开始，为恢复本国文化的国际影响力而一直在努力；墨西哥重新将自己定位为世界西班牙语文化的引擎。还要指出私人经济领域在目前全球文化大潮中的重要性，这里试举几例：万达集团和上海传媒集团（中国）、印孚瑟斯公司和 Micromax 公司（印度）、卡克森媒体集团、拉尔瓦公司（墨西哥）以及 iROKOtv 公司（尼日利亚）等等。

世界文化新版图的布局还未结束，然而，它的某些特点正在显现，并勾勒出人类文化的新关系。新的文化极将充实到现有文化极中，包括欧洲和其他几个国家，如日本和韩国。未来几年，全世界可获取的文化产品面临或将面临指数增长，它将来自越来越多的国家，这证明人类精神遗产和历史遗产的多元性，也证明从此以后对创意经济的欣赏几乎是全球性的。此外，在传播方面，它将继续借助数字时代开辟的通道，将文化作品传播到全球的各个角落。今天，数亿人尝试了这种体验，不远的将来，这一群体将达到数十亿人。所以，文化生产将会考虑消费者的喜好和期待，到 21 世纪中期，他们大部分集中在亚洲和非洲，这是一个巨大的变化。经济增长与人口增长之间协调发展的这一结果，将把实际物质财富与 22 亿人口这一财富结合起来，改变世界的东方和南方。换言之，到 21 世纪中期，东方和南方文化消费市场将比西方文化市场大 4 至 6 倍。如果说大西洋区域的文化网络（无论是现实的还是虚拟的）将面临某种衰退，新兴国家的文化网络则处于持续发展中。

方式到处都一样：弘扬文化遗产，规划国内市场，对侨民群体予以新的关注，掌握创意经济的要素，介入流通服务并培育旨在占领部分地区和国际市场的创举。当大西洋区域的经济体再也无力保持文化发展所需的投入时，这些手段已被新兴经济体用上。总之，国际市场上的新兴国家越来越多，无论是在当代还是在现代，世界的语言从未有过如此强大的影响力并如此普及。世界的文化和传统在全球最大的现实和虚拟广场得到验证，多元世纪正在形成，并将全面到来。

第四章

文化的未来

前两章列举的某些数据可以让我们确定本书导言提到的三种可能出现的趋势和变化，这种预测涉及 21 世纪的文化未来，是未来必然要素的组成部分。

那么，这个未来将是怎样的呢？

先不谈与之有关的不可预测性，我们先说说未来可预见的东西，并将这些趋势和变化归纳到每一种预测中：财富从地球西部向东部和南部转移；数字时代的全面到来；地球上人口数量和人口分布发生变化；中产阶级的大幅上升，尤其是在亚洲；世界消费市场在转移并扩大。这些不同面叠加起来将使国际社会和世界文化形势发生重大变化。如果说一张新的全球文化版图正在形成，它必须包含并揭示这种融合。

首先，我们分析一下财富从地球西部向东部和南部转移。这种转移实际上使文化服务和文化财富的创造能力全球化，因为新的文化地缘分布从此将涵盖从中国到巴西、从土耳其到摩洛哥、从波斯湾的酋长国到韩国的世界各个地区。特别是由于文化、社会、技术和经济之间的互补性，它在引起普遍重视时，也实现了全球化。所以，许多国家加大了对公共资源的使用力度以支持文化生产机构，对国内市场进行整合并进入网络和国际市场。我们还记得中国政府希望将文化经济对该国 GDP 的贡献率提高 1 倍。墨西哥、俄罗斯、中国、印度、土耳其和巴西等国的私人领域也更加重视对文化产业的投资。

　　财富转移在世界各地区引起一连串的文化创举，这些地区最终拥有了必要的资金源。我们在前面章节中就此草拟了一份肯定不完整却是结论性的调查清单，它让我们得以确认，全球重要决策中心（无论是政府的还是私人的）再也不会全部集中在大西洋地区，亚洲、波斯湾和拉美的一些国家也会有，非洲和近东地区则会越来越多。如果说这些地区的可用文化资源呈增长趋势，欧洲和美国就不一样了，如我们前面提到的一样。

　　其次，让我们审视一下数字时代的全面到来，它大大有助于制造文化服务和文化产品的技术和资金能力的再分配。实际上，它为创作和流通提供了强大的动力，以前从未有过如此快捷、具有互动性且无所不能的工具，它正在向全球延伸，世界上任何地区、任何社会和团体都没有被排斥在外。此外，数字时代不是一个大国或一种文化的特权，而此前发明的其他重要技术手段却非如此。当然，这种分布与不同发展水平之间的巨大差距有关。在推进发展节奏的同时，数字时代全面来临，正如亚洲网民数量的巨大优势显示的那样，因此也要考虑他们在虚拟空间的各种行动可能产生的影响。在 21 世纪中期，这种优势将日益凸显，未来几十年很可能向非洲延伸。

文化资产和产品的非物质化让 34 亿网民（2050 年将达到 50
亿）中的每个人都更容易接触到。这种易接近性证明创作和流通
从现实世界向虚拟世界的持续转移。这些活动受到了被称为"数
字一代"年轻人的强化和激励，这类年轻人在亚洲和非洲已达到
数亿人，完全理解虚拟世界的逻辑、符号和潜力。他们中有相当
一部分人甚至断言，他们活在屏幕上比活在现实世界中更容易。

再次，我们分析一下地球上的人口和人口分布的变化。这种
变化对经济活动有明显的传动效应，尤其是因为人口增长发生在
受益或将会受益于全球财富新布局的国家。除了表明南亚和非洲
人口大幅增长的整体数据，此类增长引发的趋势也须认真评估。
从现在起到 21 世纪中期，新兴国家就业市场将面临 15 亿劳动人
口的增长，美国的增长十分有限，欧洲则将减少 1.1 亿劳动人口。

最后，让我们来看看全球消费市场的扩大。21 世纪初，全球
中产阶级约为 10 亿人口，其中大部分集中在欧洲和北美洲。2050
年，中产阶级的总量将达到 50 亿人口，其中 34 亿在亚洲。引人
关注的是，这一变化对全球经济活动正在产生或即将产生深远影
响。亚洲消费市场的规模已超过西方（包括北美洲和欧洲市场）。
到 21 世纪中期，它将比西方市场大 4 倍，非洲中产阶级也将浮出
水面，2050 年之前，其规模将与西方市场不分上下。

这些趋势和变化，每一种都对全球局面的改变做出了重要贡
献。然而，人口、经济和购买力领域的融合更加重要，因为，由
于此类活动和变化源自世界的东方和南方，它将催生一种新的动
力。我们的预测应该考虑到这一点。如果说一张新的世界文化版

图正在形成，它必将显示出这种动力。

这些趋势和变化将延续下去还是只是新千年之初的一个特殊时刻？它们能否确定世界事务的新格局，这种格局将随着时间的推移而不断巩固？简而言之，未来的年代，资源是否可供新兴国家和有此愿望的国家用于强化并实现其文化愿望和文化政策？

对经济增长的预期（无论是现有的还是综合分析的）表明，一些以前因缺乏有效手段的国家，现在可以利用仍将持续一段时间的财富转移和文化政策。我们在前面已详细说明了这些预期，它们相对较高，对新兴大国来说处于下降状态，但对大西洋区域的国家来说却处于上升状态（与近些年相比，尽管十分有限）。卡内基国际和平基金会 2010 年在一份分析报告中总结说："全球经济能力的天平正在向影响力不断上升的中国倾斜，经过一代人的努力，中国应该能取代美国第一经济大国的位置，到 21 世纪中期，印度将与它们并驾齐驱。"

对文化未来的任何预测都必须考虑前面看到的四种参考因素。

这些因素宣告了国际社会将围绕以下三个轴心进行大规模重组：亚洲优势、各种文化享有平等尊严，全球范围内的文化供需增长。

人口、经济、购买力和技术正在融合并指向亚洲：到 21 世纪中期，它将占全球 GDP 的 50%，占全球人口的 55%，占中产阶级的 66% 和全球网民的 60%。总之，未来数十年，西方优势将逐步走弱，让位于亚洲，当然还有非洲，由于该大陆拥有 20 亿人口，经济增速高于全球平均水平，到 2050 年拥有购买力的中产阶级将达到 10 亿人口，所以将成为后起之秀。

这种重组尤其影响了过去四个世纪一直在世界上处于主导地位的西方文化。今后，西方文化在不丧失固有品质的前提下，应将自己作为全球空间的组成部分进行定位和思考，这个空间无疑包括西方文化，也包括其他所有文化，它们享有同等尊严。因此，这种重组迫使人们从整体上思考世界，而非站在西方的角度以及它对全球的影响上来看问题。重组也让人们看到文化多元性的韧性，在新的全球背景下，对它更有信心。

由于文化服务和文化产品生产能力的新布局，全球进入网络时代以及中产阶级的大幅增长和分布，这种重组预示着全球范围的文化服务和文化产品供需指数的上升。

按照适合以下预测的节奏，这种重组会因时间不同而形态各异，但本质却不会改变，西方文化已历经了近 25 代人，它在世界上的优势显而易见且必不可少（如果不说是优越）。其贡献渗透到人文科学及人类语言中，它确立了西方对古今现象和行为的评价，包括对文明空间中古今重要人物的评价，因为在他们看来，现代化、全球化和西方化显然是同义词。

摒弃这种教条本来就是一项壮举。如何避免文化之间的等级化？如何将各种文化视为可丰富人类精神宝库的财富？如何将它们视为不同的体验，其特殊性属于人类大家庭多样性和单一性互补的秘密？如何将它们作为一个包括各地区和各领域成果的生态体系进行思考？怎样做才能使现代化、全球化和文化多元化成为同义词？

在对全球文化的未来提出三种预测之前必须指出，前面提到的参数形成了一个变化整体，每一种都可能产生变化，从这方面或那方面影响整体。[1]这些预测，无论是最宽泛的还是最微小的，都必须十分慎重。我们想起了著名经济学家大前研一的学术分析，他在 20 世纪 80 年代即宣告，治理世界的"三人组"（美国、欧洲和日本）已经出现。这一宣告在受到热捧后，很快遭到国际社会变化的无情驳斥。这提醒我们要谦逊，因为历史常常嘲弄那些标新立异的人，当然也不是说我们就要甘于寂寞。美国一些非常严肃的分析家认为，在不远的将来，一个新的三人组（美国、中国和印度）将承担治理世界的使命。在整个国际关系，包括文化关系面临重组的时代，培育一种新的思维方式很有必要。

无论情况如何，我们的预测必须一只脚在地面，另一只脚在虚拟空间，这样才不会对正在发生的事情顾此失彼。有人已经宣告，未来几年，全球的财富分享将更加公平，贫困将大幅减少。此外，80% 的人口将生活在亚洲和非洲，超过 60% 的人口将居住在城市，届时将有 60 亿人口与网络连接，数字时代将进入巅峰期，智能机器人的应用将更加广泛，人与机器间的互动关系已经令人关注，机器人将进入各行各业，包括文化领域。未来几十年，这种关系将日益突出，有利于丰富文化领域。

---

[1] 我们查阅了大量可能有助于我们确定对文化未来的预测的模式。首先采用的资料是由欧盟科研与创新总司发表的《全欧 2050》。

预测一：缓慢的变化

在我们的三种预测中，第一种建立在一种慢节奏的变化基础上，因此它对变化的看法十分审慎。根据这一预测，未来数年，西方的经济增长仍将乏力，世界其他地区也十分缓慢。同样，大西洋地区虽然一直是世界上最富裕地区，但其需求在下降，而新兴国家的经济将保持低速增长。这种经济萎靡状况将会对文化领域产生影响，主要反映在投资者谨慎、投资回报率低以及研发领域维持现状。在这种背景下，变化的节奏将是缓慢的，表现方式也不太突出。此类变化无论是性质还是节奏，在西方和在世界其他地方（尤其是在亚洲和非洲大陆）均不相同。

在西方，尤其是欧洲，公共文化资源呈持续下降态势，在文化活动从现实世界转向虚拟世界的过程中，私人领域的相当一部分资源被消耗。一方面，文化作品和财富非物质化及大量文化活动日益转向屏幕后，庞大的传统文化经济领域（如出版、音乐、电影、影像和戏剧领域）不可否认地受到损害，包括咨询活动和推广活动；另一方面，源于无线技术（能力方面）和移动端（便捷性方面）普及的"剪绳"行动，同样颠覆了文化和交流的某些传统经济领域。

在这一时期，西方形势取决于以下融合因素：欧洲人口下降，美国人口轻微增长，因此市场不景气；文化领域的公共投资持续下降，因考虑市场变化，私营部门的投资水平较弱；最后是技术方面，在以深化压倒增长的背景下，大西洋地区国家的非物质化和移动性处于领先阶段。

对该领域的企业（主要是美国企业）来说，增长出现在其他地区：欧洲、亚洲、拉美和非洲。对美国公司来说，这些地方都未被占领，或许只有欧洲除外（不包括俄罗斯和在线商务领域），它在全球范围内都要面对美国和中国的大集团。在世界其他地方，这些集团之间的竞争在加剧。在亚洲（除了印度），中国的产品似乎独占鳌头。在拉美，除了巴西，美国公司无可争议地遥遥领先。非洲则受到美国和中国公司的青睐，它们深知，到 2050 年，这个大陆将有 20 亿人口，其中至少 50% 的人将连接互联网。世人皆知，到 21 世纪下半叶，非洲人的选择将对全球语言、文化和技术平衡产生重大影响。

未来几十年，种族衰退和多样化将成为大西洋地区人口变化的主要原因。多样化已经成为美国人口的特征并将逐步成为欧洲人口的特征，为应对人口下降和人口老化日积月累的影响，这块古老的大陆将不得不接受越来越多的移民。这些变化对国家的文化供给以及专业和综合性媒体内容将产生重大影响，也将有利于新移民来源国的媒体，它们因同胞分布越来越广及侨民数量增长而受益。

在亚洲，人口[1]、经济[2]和中产阶级增长以及数亿新网民[3]

---

[1] 2050 年，世界 55% 的人口将生活在亚洲。根据联合国的预测，到 2050 年，中国将面临人口数量下降 3.5% 的状况。

[2] 到 2050 年，亚洲经济将占全球 GDP 的 50%。

[3] 到 2050 年，60% 的网民将是亚洲人。

通过网络获得的潜能，将成为未来数年亚洲大陆重要的生活数据。这些共同因素导致文化服务和产品以及娱乐的需求增长，因为中产阶级在不断扩大且越来越年轻。新网民的涌入，其直接后果是未来汉语将提升为第一大网络语言，在可预见的将来，网络的优势将成为汉语的优势。它也成全了印度的主要语言，让它们进入全球语言的大格局中，其中某些语言将有上亿人使用，从而使民族语言在众多拥有搜索引擎的国家使用：如韩国的 Naver 和印尼的 Penjejak。

在中国，用于文化的公共资源（包括中央政府、各省和大型城市群）在持续增长，私营部门的资源也参与各环节中：对国内庞大的文化市场进行整合；对该领域的机构网络进行大量充实，包括文物保护；开发生产能力；获取亚洲及国际文化娱乐市场份额。

如同西方一样，传统文化部门同样受到大量活动从现实世界转向虚拟世界的冲击。然而，这里的"剪绳"行动并不像西方那样费事，从一开始，数以亿计的网民便受益于无线上网设备和移动端。中国继续保护本国市场，只接受非常有限的外国产品，并经过严格的政治和道德筛选。出人意料的是，西方作者似乎接受相关要求。

在印度，政府和私人资源纷纷参与文化建设，以整合国内市场（包括保持文学、音乐、音像和电影的强劲生产），丰富它在地区和国际市场的份额，投资兴建国家文化设施，增加网民数量以及在本国生产移动平台，满足国内的需求。

在世界其他地区，尤其是在拉美和非洲，经济活动从投资、贸易和南南技术合作中受益，这种合作正逐步（但十分缓慢）涉足文化生产领域。

第一种预测未表明可能改变全球文化版图正在变化的新要素。由于经济疲软，这种预测表明强化之举多于创新之举。无论是在中国还是在其他地区，面向世界的新文化极和为开发生产手段而进行的投资不再受到质疑。大亚洲地区面临着经济缓速增长，它所涵盖的新文化极正利用这个时期巩固其地位。整体氛围是平稳的，我们甚至忘了，出现在全球文化领域中的这些极，是对历史的一种深度颠覆，从本质上说，它推翻了延续四个世纪的局面。总之，第一种预测把现阶段描述为已启动的历史工程中一个相对平稳的时期，这项工程最终将真正改变历史。

预测二：加速的变化

本预测主要描述了与前面预测相同的内容，只是全球环境和参数有所不同。

这些参数属于多个类型，源自一种较高增长水平的经济参数（即大西洋区域为 3%，世界新兴国家平均为 7.5%）替代了经济疲软的影响。因此，投资文化服务和产品生产的公共和私人资源正好与消费文化服务和产品的资源相互满足。

这一较高增长水平巩固了亚洲、拉美和非洲的所有新文化极。在这一强劲增长期，许多国家的文化极数量在增加，如马来西亚、科特迪瓦、哥伦比亚、越南、埃塞俄比亚和埃及，古老的文化名胜重放异彩。简而言之，全球范围的人、财和技术能力的全面扩张运动正席卷全球。如果说美国、中国和印度无可争议地位居前列，文化的多极性势不可当且日益巩固。我们在前面章节中列举的网络国际化（具有全球影响力的文化机构、汇聚原创人员的国际盛会和艺术市场的全球性事件）在日益丰富。

在西方，尤其是欧洲，用于文化的公共资源逐步改善，私人领域的资源重新活跃。现在，进入新的市场十分重要，因为大西洋区域（美洲和欧洲）市场在第一种情况下人口增长无疑，但在第二种情况下呈缓慢增长和负增长，而其他地区，如亚洲、拉美和非洲则均保持增长。这些大陆没有一个被美国公司占领，也许只有欧洲例外（不含俄罗斯，也不包括在线贸易领域）。由于持续不断的内容需求反映出地方和国家局势，全球的生产因此发生了重大变化。

目前，需要就文化产品在全球范围内自由流通进行谈判，让它们进入亚洲新的大型文化市场，当然还包括非洲。这些便是西方的关注点。进入已成为世界第一大文化和技术市场的亚洲市场，代价高昂，要求的回报巨大，尤其涉及西方市场对亚洲企业提供的技术服务开放，包括数字时代的所有服务，以及亚洲集团公司控股专门从事文化服务和文化产品生产的西方战略公司。

目前，同样需要探索结对、联手和联网的方法，谋求新兴大国文化机构和企业与西方国家此类机构和企业协作。21世纪前10年，人们已经提出了许多建设性的倡导，其中一些已付诸实施：例如阿布扎比与罗浮宫、柏林电影节与釜山和孟买电影节结对，由中国公司创建的中美生产基金，以及密切美国电影公司与印度电影公司之间关系的各种尝试（如迪士尼和拉吉电影制作公司，索尼与电影艺术家维普尔·奥卢图尔·沙哈，而拥有SKG梦工厂50%股份及其电影在印度发行权的实业家阿尼尔·安巴尼则采用的是另一种模式）。20世纪福克斯电影公司、索尼影视娱乐有限公司、华纳兄弟影业和迪士尼公司在印度开店并充满憧憬：和该国合作制作影片，将宝莱坞和好莱坞的观众打通，打造真正的全球观众群。

这些建议现在建立在远大的目标之上，并呼吁对传统的合作方式进行彻底审视。它关系到文化领域引入全球生产链的概念和现实，把各种力量组合起来，无论是西方的，还是亚洲的或非洲的。明确地说，是制造过去几个世纪彼此形同陌路的想象家们可能感兴趣的文化服务、活动和产品，今后他们将彼此为邻，相互交融，这是人类流动的新成果。

哪些历史和叙述（无论是古今的，还是幻想的）能够被人类不同民族分享并表现出人类的艰辛与成功、怀疑与坚信、疑惑与希望？全球化是否会释放出一个巨大的、前所未闻的、反映人类生活被忽视的物质宝藏，以证明人类共同体彼此间存在着不太为人所知的关联，表明它们之间有共同的语言，解释为什么表面上彼此陌生的社会却能分享某些象征物？文化多元性的真正意义是否隐藏在文化的相互孕育中？从哲学到建筑学，从诗歌到厨艺，从雕塑到绘画，从文学到音乐，从语言到环境，罗列、借用和摒弃，最终产生了人类文化的多元性。

今后，在世界事务中，包括生活中文化方面的事务，亚洲将居于中心位置。它是全球第一文化市场，也是全球第一技术市场。20 世纪 90 年代末，工业生产领域就是这种情况，亚洲一直受到关注，因为它提供的产品既真实又具有吸引力。然而，与 20 世纪 90 年代外资在亚洲占支配地位的第一阶段的情况相反，亚洲主要国家现在拥有可观的财政资源。在之后的 25 年里，它们制定了大胆的政策，尤其是获取和掌握信息技术，发展该领域的机构，升级文化服务和文化产品的生产工具。总之，政治、经济和技术机器作为庞大的文化领域的基础，正在高速运转，稳步向前。这部机器正有条不紊地将亚洲推向全球文化生产和消费的前列。然而，这一广大地区被中国和印度这两极瓜分，它们在文化方面雄心勃勃，一旦联手，将成为一股不可抗衡的力量，尤其是在谈判桌上。眼下，与印度相比，中国似乎技高一筹，中国公司已从中获得一些好处。

除了巴西，美国公司在世界其他地方拥有不容置疑的优势。非洲的局势是战略性的，受到美国和中国大集团的追捧，它们知道，到 2050 年，非洲大陆将拥有 20 亿人口，其中至少 50% 的人口将连接互联网。非洲人的选择将对下半个世纪的世界语言、文化和技术平衡产生重大影响。

第二种预测包括可能改变全球文化版图目前正在变化的新要素，尤其是巩固 21 世纪初在亚洲和世界其他地区出现的文化极，其影响力和辐射力已是持久的。它们还涉及新文化极的诞生，这将进一步充实全球的文化版图，有利于文化多元性的有效展现，确认亚洲在全球文化市场的优势地位。

这一预测还设想了能够适应人类新形势的文化生产形式，使保存最完好的文化遗产传承相互结合，实现史无前例的物质和非物质流动，由于世界的开放而提供前所未有的大量机遇。

这些可能性或许会导致冲突。在我们的第二种预测中，此类冲突不会表现为武力，也并不意味着文明的终结，然而将出现一种巨大的历史动荡，其程度超过了无法避免的小颠簸，不应将它们与引起惊涛骇浪的世界变化混为一谈。

文化遗产（包括所有遗产，无论是古今的，还是孕育中的，也无论是得到现代和当代史赞美的，还是被历史贬低、否认和摒弃的）的拥有者进入世界大广场，是这场变化的中心。今后，科技可以对它们进行修复（如果有必要）、进行分享，并在这个汇聚数十亿人的大广场进行展示。这种变化要求该领域的国际机构进行升级，修改设立这些机构的文件，包括联合国教科文组织的《保护和促进文化表现形式多样性公约》，并启动新一轮谈判，内容应反映人类进入了一个前所未有的历史阶段。

预测三：受阻的变化

第三种预测在这里仅简单提及。预测前提是国际局势因金融体系崩溃、大规模自然灾害、重大武装冲突或恐怖主义的全球化而遭受重创。一时间，文化领域收缩，变化戛然而止。完全恢复正常局面，需要对因财富转移和数字时代全面到来而开放的大环境进行缓慢改革。这一预测不太可能发生，在这里提出只是出于追求完美。

　　未来几十年将发生的事情很可能借助于我们每种预测中的某些要素，根据不同地区和不同形势而不同：经济放缓、金融危机或武装冲突。由于行业恶化或地缘危机，某些文化领域和世界某些地区将出现倒退。谈判僵局可能影响文化领域，如自由贸易协议谈判、外国直接投资的吸收政策以及国内市场对文化服务和文化产品开放。然而，将占主导地位的局面属于另一种性质，财富、力量和影响从世界西部向东部和南部转移不应被理解为一地区受损让另一地区受益。这并不是对共同空间的瓜分，而是有助于它的扩展和再平衡，使所有人从中受益。这种再平衡是历史性的，不只是涉及物质、金融和技术，也不是要针对文化经济的公正结构发难。它是精神的、文化的，也是种族的和文明的，呼唤新一轮磋商能照亮这一共同空间，确立世界文化融合共处的标准，如同我们前面提醒的一样。一种难以估量的力量，以历史上空前的规模，跨越人类创造财富和推动发展的能力，从西方转向亚洲，再从亚洲转向拉美和非洲。这一全球链再次改变了世界地区间和国家间的关系以及数十亿人的生活。

新的谈判

关于人类安全和满足需求，未来的磋商很可能是从整个人类的传承中吸取营养，并在平等的基础上，让拥有原动力和各自观点的合作伙伴参与其中。西方的传承不会被摒弃（同样包括它的民主体制、技术进步和文化模式），但它将与其他拥有相同参考因素的传承结合起来（包括社会组织和社会管理的先进形式、社会与公民的关系、公民之间的关系）。它不是用另一种体制取代西方体制，或者用中国梦取代美国梦，而是发明一种能够让位于两种附加要求的体制：确实承认人类组成的多元性，承认单一性会带来束缚。

早在二战前，西方就计划在损害第一种要求的情况下，优先考虑第二种要求（尤其出于安全动机）。然而，这个时代已经结束，因为从今以后，多元性将作为一种基本类型存在于世，承认它的存在，对全球各地区的和平、安全与发展都是不可缺少的。

联合国教科文组织全体会议通过《保护和促进文化表现形式多样性公约》后，文化的多元性于2005年得到确认。该文件的出台结束了欧美的一场漫长论战，尤其是在音像领域，包括电影产业。在本地化和内容上相对受限的电影领域，它最终演变成一场全球大辩论的话题，引起联合国所有成员国的关注并涉及文化的各个领域。该公约主要是承认文化资产和文化服务的特殊性质，使国家权力能够用于制订文化政策，而又不妨碍国际贸易管理条例的限制和整个准则，这些准则无论是在上游还是在下游，都标明了相关条件的范围，这便是世贸组织当时给它重新定义的条件。当时将文化提到很高的地位。[1]

仅仅是为了承认现状，是否有必要把嗓门提得如此之高？或者不如说它是一道堤坝，用以阻止已发出警报、将破坏人类大家庭文化多元性的海啸？在争夺战打得正酣之时，世贸组织毫不掩饰其试图控制全球的产品和服务流（包括文化领域）的意图。因时代已经不同，这一意图也时过境迁。从这种意义上说，联合国教科文组织的公约结束一个时代要好过开启另一个时代。

然而，该公约的功绩并未因此而蒙尘。它告别了贯穿现代史和当代史的文化等级观念，明确宣布了文化的普遍意义，承认了它的不同表现形式，明确认为人类的活动并非同一种性质，其中某些构成了人类尊严和社会的凝聚力，将人类生活近似形而上学的一面置于全球化的中心。因此，这些活动不能压减，而需要一种包括各个民族的相互宽容。公约具有伟大创始文件的重要性：它向人类提供了共同的标准，一种价值观和来自全球四面八方的终极目标。

该公约的局限也是公认的，其内容反映了财富开始转移、信息和交流技术向全球扩展之际国际社会的状态。在文件准备阶段，人们对这些变化可能导致的后果一无所知，我们尤其想到了交流管道和大型聚会在全球的增多，此前它们仅限于西方；想到了金

---

[1] 在针对美国的一起诉讼案中，中国向世贸组织决策机构尤其提到了该公约的条款。在自由贸易协议谈判中，该公约也被提到过几次。

砖五国以及其他众多国家对文化政策给予的强大动力；想到了这些国家私人企业的参与。我们还想到了数字时代的潜力在全球的展示，包括它对作者及其作品的支持，让人们史无前例地展示自己的文化作品，无须考虑国界、语言和资源等，这些因素昨天仍在妨碍文化产品的流通、传播和欣赏。人们现在已能接触到各种文化作品，包括那些曾被压制、遭到诋毁和被遗忘的文化，它们似乎突然间浴火重生，在个人和集体的记忆中找到庇护所，这些个人和集体一直抱有让其重见天日的希望。今天，随着财富转移和数字时代的到来，他们的这一愿望终于实现。

公约的局限不只是在处罚违规时显得宽厚仁慈，在解决纠纷机制中软弱无力，而且对世界现状和人类进步的反映也不完整。这种局限性还体现在改变交易的性质和规模中，体现在国家对文化经济和数字经济的参与者无法监控中，体现在各类服务的数字化效果不佳中。

联合国教科文组织的公约涉及的是一个存在国界的世界，在这个世界里，国家能控制跨越国境的任何事务，但它未涉及一个没有国界、随时有超过30亿网民畅游并实现不计其数的相聚、交流和交易的星球。简而言之，该公约是针对历史上的人类的，反映了人类的整个重大成果，包括确定国家定义并赋予其调解其他问题的权力。然而，公约对从此将颠覆它的变化，对数字人类及其重要成果却浑然不知，而这些成果既可以破坏国家，也可以破坏国家想掌控一切的意图。

新的磋商

2005 年的公约已纳入新一轮磋商的清单中，因为世界的变化让哪怕是最确定的东西都发生了疑问，超出了过去争论的方法、内容和最终目的。

这其实是要求一揽子考虑全人类的精神、知识和文化遗产，即便是这些遗产属于分散在全球各地的数百万人，仍应将它们视为同一个不可分割的整体，属于唯一的人类愿望。《日本思考者：关于初始的对话》一书的导言指出，西方人是"用柏拉图、亚里士多德、伊壁鸠鲁、笛卡儿、斯宾诺莎、卢梭、黑格尔、尼采以及所有提供思维模式的人的眼睛看世界。我们也用克劳德·洛兰、伦勃朗、大卫、德拉克洛瓦以及所有伟大画家的眼睛看世界……我们在这种思想和观点的影响下，去凝视、思考、感知事物和形势"。在地球其他地方，人们则是用其他文学、哲学、艺术的眼睛，用西方以外的其他思想和观点看世界的。

那么，这些能让中国人、印度人、日本人、土耳其人、阿拉伯人、非洲人、拉美人和世界土著人（仅列举这些吧）在自己和共同的存在中找到凝聚力的思想和观点是什么？他们对理性与非理性、等级与平等、正义与复仇、经济与社会、自然与精神、冲突与承诺又会说些什么呢？在这些观点中，哪些源自查尔斯·泰勒的观点（即来自流派和信仰的东西），哪些来自他们自己和来自与同代人的磋商？最后，我们对以上各种问题给出何种答案？这一次问的是所有人，因为我们想得到所有人的回答。

我们还可以在这一磋商清单中加入许多其他题目，例如：对普遍性和多元性的理解，对国际法和国内法、国际司法权和国内司法权之间关系的看法；对圣事，当然也包括对凡尘俗事的观点；鉴于人类的责任，对人权和个人自由的看法以及记忆与历史之间的关系。

如何获得全部的遗产并判断其重要性？表面上看这是个理论问题，它源于正在发生的变化：财富转移和数字时代全面到来，在某一时代让人类进入一个从未体验过的多极状态，它将亚洲推到风口浪尖，也给拉美和非洲大陆腾出了空间。这种形势是我们完全陌生的。

力量关系的对比现在正处于一个观望时期：曾布局和统治国际机构网络并制定国际准则、国际公法和国际人权法的大国，再也不能保持这种优势；逐渐获得新大国地位的国家，还未最后确定主张，按它们的说法，这些主张必须主导世界事务。然而，它们却致力于新的小圈子，如上海经合组织，它将中亚国家乃至欧洲门户土耳其凝聚在中国周围。我们想起了于贝尔·韦德里纳的话："当今世界，人不能强加于我，我亦不再能加强于世。我不再能强加于人，人亦不能仍强加于我。"

在这方面，亚洲文学寓意深刻，尤其是著名知识分子和法学家，他们并未全盘否定四个世纪以来的西方思想价值，而是支持对它们进行修改并不断丰富。这或许是赋予被西方思想掩盖、隐藏、妨碍和否定（如亚洲的生活观、亲子观、权利和责任观，和经济、社会及文化领域间的组织和平衡）的东西以某种价值的方式，按马凯硕在其著作《新亚洲半球》中的说法，旨在让"生活在西方的 9 亿人口能了解其他 65 亿人口是如何看世界的"。在亚洲人看来，西方的现代性不能独断 21 世纪人类的生活。一种全面的、艰难的和决定性的磋商时代已经到来，因为它包括了整个人类社会的所有遗产。

一个因世界新的平衡而出现的问题，既可怕又顽固。在文化、遗产、思想和观点之间是否存在着等级？如果回答是肯定的，这种分级的标准是什么？如果不存在等级，就像我们认为的那样，又如何协调？如何让各自的"完美时刻"（借用马尔罗的精辟表述）出现？如何打造一个相互友好的空间，进行富有成果的磋商？还有，如何评价并分享世界上每一种文化所蕴藏的那部分共同财富？

考虑他人并让别人评价自己是一种可敬的、困难的、必不可少的行为。否认多元性很省心，却会滋生因循守旧，助长传统的专横，束缚思维，使磋商成为泡影。承认多元性等于开启了磋商的广阔天地，优先考虑互惠互利。这种承认能使我们免受世界文化一统化的荒诞想法侵害，也迫使我们将世界的多元性视为整体的一个组成部分，找出利用它的正确方法，解决单一性和多元性之间的明显矛盾。必须分析融合产生的疑问、共同的担忧和相同的信念；区分什么是完全不同的东西，什么东西存在差异，什么东西不属于这一类别。承认文化彼此借鉴，就是承认它们彼此间具有共性的东西。最后，要让这些文化共生共存，还必须确定娜达日代·曼德尔施塔姆所说的"人类法则"。在这些法则中，所有

的东西都应相互承认，这便是辩证法的普遍性和特殊性的永恒
问题。

西方根深蒂固的理论把文化相对论当作一种重大罪过，新的
世界文化局面要求对这种学说加以修正。必须摒弃反对多元性的
主张，世界要么是五彩缤纷的并享受这种多元化，要么是打击所
有克隆的战场！简而言之，普遍概念存在于世，人类法律必须确
保其有效可行的延续。然而，就像保罗·利科建议的那样，普遍概
念的理论需要实践。它不是也不能成为设定权力者，而是调节者。
皮埃尔·保罗·帕索里尼在其印度游记中写下了这种二元性："我们
发现，英国温文尔雅的语法在这里被一位有着其他语法习惯的人
所掌握。"我们每个人都有自己的语法习惯！

今后大家都能进入其中的虚拟空间构成的这块**处女地**同样需
要磋商。有人告诉我们，虚拟世界已开发的部分微不足道，更多
的部分有待发现、掌握和了解。短短 20 年，一个新的世界已经
与一个开始就限制人类体验的世界重合。无论从地理上说还是从
社会学角度看，这个世界的入口都无处不在。总之，人类与现实
社会的互动一直存在，但这种互动将越来越多地让位于人类与世
界其他人之间的互动。法国哲学家弗兰克·费舍巴赫曾指出这种局
面是如何改变对环境和时间的感知的：在空间，一切都非常遥远，
即时发生。然而，这类限制并不能减少数字时代带给人类的好处，
哪怕一点点。这个时代使所有文化都能获得一种无疑是非物质化
的存在，然而每个人都能看得见并为我所用。

或许有人对我们说，这种协商不太可能产生结果。这种怀疑

论受到了无数的驳斥，我们是见证者，常常也是受益者。它证明人类有能力将世界变化变为优势。比如，虚拟文明不仅进入被视为整体的人类家族的生活中，也进入数以十亿计的数字人类家庭的生活中；各种传承、遗产和价值体系纷纷在这个世界的大广场上亮相。

我们还可以列举其他例子：一大批国家（其中包括世界上人口最多的国家）从不发达国家之列跨入世界经济一流国家；数亿人口近年来脱贫并融入有效经济中；八国集团变为二十国集团，这种变化原本可能引起的动荡却并未发生；人工智能进步已变为越来越适应人机共处的机器人工程；符号、语音识别技术现在和未来的成果，明天或许能辨别思维；正在进行的工程、语言识别和自动翻译（译成一种或多种语言，尤其是非洲语言，昨天似乎仍局限于少数几个国家）取得的成果，给人类带来了空前的希望。今天，这些小语种已成为虚拟空间的组成部分，与其他享有国际声望的语言具有相同的资格。

这些例子表明，在治理世界、认识世界和世界发展中，多元化日益受到重视，迎接和等待过这个多元世界的人不计其数，其中包括非洲文学的伟大代表、尼日利亚作家齐努阿·阿切贝的作品，其功劳在于推翻了有关殖民化壮丽而神圣的论调，如实地反映殖民化真相：这是种族主义的产物，具有破坏性。多元性与真理不可分离，虚假在单一性中获利。

在历史长河中，文化常常相互对立，但它们又总是能相互繁荣。然而，文化却从未如此强烈、如此亲密地共处，这种强烈和亲密成为当代文化融合的特征，也是 21 世纪初文化的共同处境。可以证明的是，这种处境确保了它们在全球的生存，史无前例地让这种相互繁荣成为可能，使它们通过混血实现融合。在今天的艺术和娱乐中，这种混血表现得尤为强劲。毫无疑问，繁荣和融合并非我们这个时代所固有，但它们却以前所未有的力量和顽强在全球范围内体现出来。除了前面提到的人口因素，信息和交流技术冲击、它们的各种应用和大量可使用终端，也成为人们在日常生活中都能体验到的这种强烈而亲密的另一动因。

关于文明冲突，最具爆炸性的说法众所周知，它指的是一个梦想世界，这个世界将尽可能长久地摆脱代表他人价值的"糟粕"。由于不同人种、不同宗教和不同文化的人们之间的关系越来越密切，无论是在西方还是在世界其他地方，这类极端而危险的想法就变得更加可悲。在我们这个时代，他人不再生活在与世隔绝的远方，而常常是一位同学、一位邻居或一位同乡。正如我们刚才指出的那样，重大且众多的变化改变了我们的世界，却并未引起预言中的动乱。相反，由于其重要性，它们受到了善意而热情（而非持怀疑态度及心怀敌意）的迎接。

结　论

　　将 1990 年的世界文化版图与 25 年后今天的文化版图进行比较，会给人以很大的启示。实际上，该版图经历了许多不可忽视的变化。版图上的过时成分少了，源自当今经济和技术变化的创新多了。

　　财富转移对世界文化版图产生了重大影响，最重要的无疑是全球新文化极的出现。它们主要分布在亚洲，包括土耳其，并且一直延伸至阿联酋、拉美和非洲一些国家以及俄罗斯。显然，全球的重要文化极版图得到了进一步丰富。西方极依然存在，但处在一个更庞大的整体中，这个整体便是整个地球和全人类。

　　加大文化投入的国家与日俱增，这使世界文化极的扩充成为可能。这些国家重新审视并丰富本国的文化政策，对该领域的机构和活动，包括创意经济大规模投资，各种收益（包括资金、技术和社会）在世界各地引起了广泛关注和垂涎。中国再次充当火车头的角色并在该领域大量投资，期待文化对其 GDP 的贡献率能够翻番。为此，中国公司（无论是国企还是私企）在政府的支持下，纷纷投身到国内市场的整合中，生产适应所有市场的产品，已获得一定的成功。正像我们所说的那样，它们也向全球范围内的文化生产和文化销售企业注入大量资金，人们会想起万达集团收购 AMC 娱乐控股公司，这是中国当时在美国最重大的投资。

财富转移还使大量文化活动国际化，此前这类活动几乎全部集中在大西洋区域。这种剧变体现在全球文化极的扩大中，涉及文化领域的多方面，如培训和展览中心、创作设施和地区或国际盛会筹办机构，如艺术双年展、电影节、图书交易会等。这些新的文化极也成为当地原创人员的巨大动力，使之能够深入到一些对其人其作品不太关注的社区，这尤其是阿拉伯语地区艺术家的情况，他们从一些酋长国开展的新型文化活动中受益。中国艺术家的情况也一样，他们已从专业小圈子跃入世界名流之列。最后是已经国际化的艺术市场，西方（更准确地说是美国）已将第一把交椅拱手交给了中国。

正如我们前面指出的那样，文化极的大幅增加重新确定了该领域国际合作的广阔前景。它不再是对发展的一种次要援助，也不是一种文化帝国主义性质的文明形式，而是将北－南或南－南合作者联合起来的携手之举。它们拥有彼此的资源，一起策划活动并共同参与其中。

值得一提的是，财富转移对亚洲、美洲和非洲中产阶级的扩大做出了贡献。中产阶级是文化服务和文化产品消费的主力军，2000 年，其数量达到 10 亿之众，主要集中在大西洋区域。此后，这一数字翻了一番，到 2050 年，中产阶级的人数将达到 50 亿，其中三分之二将生活在亚洲。

这些数据非常重要。在其不同的表现中，文化最终取决于市场、文化产品消费者的偏好和期望。在不远的将来，这些消费者主要是亚洲人，而且未来几十年，他们的数量将占全球消费者的三分之二，达到 30 亿。这便是与人口增长同步的亚洲经济增长带来的冲击。到 2050 年，亚洲在上述两个领域将分别占世界 GDP 的 50% 和全球人口的 50%。这些数据展示了过去、现在或 21 世纪中期的世界文化版图，表明了世界每个地区的各自分量。25 年前，这些数据似乎让天平向西方倾斜；今天，不如说它倒向了亚洲一边。根据预测，亚洲的分量将继续增加。在世界其他地方，其他文化产品和服务消费群正在形成，如非洲，有购买力的消费者已达到 3000 万人。显然，西方消费群一直举足轻重，然而，它正悄无声息地从无可争议的多数位置转为少数位置，随着时间的推移，这种局面将进一步凸显。毫无疑问，这一局面并非仅仅表现在数量上，因为西方消费群曾拥有并且一直拥有重要的生产手段。不过，今后这些手段世界其他地方也可以用。最后，这些数据还表明了对产品和内容的需求，表明了亚洲古今文化遗产在这些产品中所占的位置，当然也包括世界其他地区。

数字时代的全面到来也对世界文化版图具有重大影响。如同人类活动涉及的各个重要领域一样，在这个千年的转折点，虚拟世界的巨幅屏幕已延伸到文化领域，涵盖了它的每一个构成要素。它的影响如此之大，以至于成为文化不可分割的部分。实际上，文化服务管理、作品创作、作品展场和文化经济正逐步从现实世界转向虚拟世界，这种变化呈持续增长态势。这不是可预见变化与偶尔因有利时机而产生的质的飞跃的结合，而是一种不可逆转

的变化，影响着所有与文化有关的活动。这种变化正在向世界各地
（没有例外）蔓延，波及各社会阶层和整个人类社会的各年龄段。

　　我们在前面已指出，全人类加入数字文明堪称是一个具有重
要影响的事件，说明既是对这一万能交流方式的系统符号、逻辑
和结构的接受，也是对网络的信任，这个网络将考虑、尊重各种
文化的特点并提升其价值。这种信任是理所当然的。对数字世界
的一次探访，哪怕是瞬间的，也会在同一系统内让多元性显示出
它本身最复杂的东西，尤其是语言变化。每个人都知道，对其他
财富来说（包括文化多元性），它是一种原动力。不可否认的是，
数字时代的全面到来，基本上改变了世界文化版图。尤其是它能
让每种文化都在这里占有一席之地，包括一些因天长地久或因人
类疯狂而近似消失的文化。由于网络无处不在，不同的文化及与
其有关的东西，如历史、收藏、研究成果、磋商结果，今后都能
接触到。2012 年，全球网民数量为 27 亿，2017 年，这一数字将
达到 36 亿，占全球人口的 48%。

　　这类提醒令人印象深刻。毫无疑问，它们表明新的世界文化
版图势不可当。它将得到各国民众的支持，包括分布在世界各地
的侨民，他们是来自祖国的文化产品的购买者，因此也推动了世
界文化版图的逐步改变。在这个借助鼠标轻轻点击便能建起通道
的时代，每个人都能让文化作品流向全球的各个角落。

　　这一新的世界文化版图正逐步取代统治全球达四个世纪之久
的旧版图。未来几十年，它将日益清晰并得到认可，同时验证前
面提到的参考因素：各种文化享有平等的尊严、亚洲优势以及全

球范围内文化供需的增长。

这一版图既包括了你我，也包括全世界。实际上，最重要的是去想象在一个共同的、包罗万象的空间里，各种文化如何争奇斗艳并产生影响。在这里，每种文化都能找到自己的位置，没有例外，再也没有西方与其他地区之分。明天，也不会出现亚洲和其他地区之说。因此，任何将文化进行分门别类的想法都是伤人的、倒退的和过时的。

世界目前的文化地理除了西方文化极，也出现了亚洲、俄罗斯、拉美和非洲等新的文化极，这些文化极今天已成为全世界的文化服务和文化产品生产、流通和发展的动力。我们认为，这些国家从此将拥有这类能力，至少是部分，因此他们是（或将是）世界文化舞台上的活跃角色，拥有财力（无论是公共的还是私人的）、技术能力和政治抱负，只有少数例外。他们重视创作，也关心销售。正如我们有关资料所示，某些国家在结束受排斥的时代后，已掌控他们从此拥有的庞大的国际销售网络。而且，在某些情况下，它们也拥有正在努力开发的国内庞大市场。

我们已经统计了中国、印度、巴西、尼日利亚、土耳其、俄罗斯、墨西哥、摩洛哥及许多其他国家实施的工程，发现这些国家对国内市场以及海外侨民的文化供给正在扩大。我们还介绍了他们为提升其在全球文化大广场的参与度和影响力而进行的投资。简而言之，正在形成的世界文化新空间向每一个人开放。今后，它将被大量国家或私营单位青睐和占领，这些参与者从中看到了经济增长、就业市场以及提升他们在世界的辐射力和影响力的重要原因。

这种地理还证明了世界各地区均有大量新的国际级文化驿站：艺术节、作者笔会、与文化各领域有关的盛会（电影、文学、音乐、时尚、舞蹈、交流技巧、设计等）；展示了新的合作形式，就像博物馆部分藏品的非本地化（如阿布扎比罗浮宫），美国制片厂与亚洲最著名制片厂之间的联合制作协议，在此仅举上述例子。它表明了分享世界文化遗产和全球文化生产链可采取的办法。

在文化地缘日益丰富的过程中，人们已看到的和预料中的好处，包括现实世界创造的产品能够更广泛地流通，并在虚拟世界畅通无阻，亚洲、非洲、拉美以及阿拉伯的创作者可以进入全球市场。

文化版图的这种重组也与数字时代的全面到来密不可分，后者提供了广阔的空间和各种创作工具。在虚拟世界大广场，任何时候都有数以亿计的网民聚集在那里，浏览各种文化网站，公司和创作人员可以在此展示其古今文化遗产、现有作品以及未来的目标。他们通过人类大家庭的各种语言来实现这种梦想，为人类语言遗产提供了一种长期以来希望得到的认可和昨天仍难以想象的可视性。

如果说，先进的科学技术在历史上曾是西方的特权，今天它们已成为人类的共同财产，尤其是数字科技。从这种意义上说，世界空间与大概 25 年前的空间没有任何关系。进入屏幕可以验证我们前面已探讨过的这种巨大变化。它表明全球范围的交流更新换代和人工智能的闪电式发展，使自动性能仍在不断提升的机器能够效力于公司和个人，因此，它不仅改变了世界的表现形式，也改变了人类的精神家园。

数字化为文化提供了广阔的天地：文化史，即所有文化及其最近活动的整个历史；文化展示场地和遗迹；作者小传、肖像及其作品；对他们的褒贬。所有这些财富都是以互动方式提供的。

各种团队、日益增加的文化机构，无论是私营的还是公共的，不计其数的作者从此点击一下鼠标就能连接数亿网民，把他们在全球任何地方创作的全部作品提供给大家。简而言之，文化终于在屏幕上找到了能够容纳、展示并推介它的空间，至于内容、来源、表述的语言则无关紧要。今天，不应将文化多元性视为一种危险的东西，而是一种要用前所未有的文化政策加以保护的财富。忧心忡忡，害怕并不断说文化多元性是一种堕落的人，应集中精力重新制定国家文化政策，并将多元性纳入其中，为丰富世界的多元性做出贡献。

每天，数以百万计的网民从网上获取来自世界各地（如韩国、墨西哥、俄罗斯、土耳其、巴西、摩洛哥、中国、美国）的各种古今文化作品（包括音乐、文学、音像、建筑、设计）。因此，普遍性不再是西方文明过去几个世纪的一种纸上谈兵，而是一种源于世界新格局的需求。在第三个千年之初，它是实实在在的，在寻找一种有效的、政治的和文明的认同。就像《世界人权宣言》宣称的那样，每个人都有参与文化生活的权利，这种权利的使用范围最终将越来越大。

对文化来说，这便是能力广泛转移的结果，它彻底改变了世界现代史和当代史。地球是人类共同家园的理念比以往任何时候更加具体，因为现实人类和虚拟人类无论是相聚还是分离，都包括了整个人类及其文化。

必须看到，正在发生的转变，其多个阶段（无论是结束的还是决定性的）都未造成动荡和悲剧，而在过去，此类转变至少会出现一些变化。实际上，正在形成的世界文化新版图是一系列重大事件的结果：全球性的财富转移和历史上最重大的资源和知识转移；数字科学的普遍应用和世界各地对它的掌握；力量关系的逐渐逆转，让一些国家（包括中国）从发展的末尾跨入增长的行列；亚洲、非洲和美洲上亿人口脱贫；以牺牲北－南关系为代价的南－南关系的戏剧性崛起，尤其是在文化方面。[①]

这些重大事件在较短时间内（相当于四分之一个世纪）以互补的方式几乎同时完成，既没有造成危机，也未引起冲突的事实，证明了市场经济和数字化科学的力量，它们已成为增长和发展的万能动力。两者均对世界的神奇变化做出了贡献，而这种变化远未结束。我们在本书通篇分析了这一变化的意义。一种难以估计的能量以史无前例的规模，让人类创造财富和发展的能力（包括文化领域）从西方转向亚洲，再从亚洲转向拉美和非洲。这条地球性的链条改变了世界各地区和各国之间的关系格局以及数十亿

---

① 南－南关系同样延伸到文化领域，正如中国与传统南部国家之间的文化合作协议表明的那样。2012 年，在北京举行的首届论坛集聚了非洲的文化部部长和中国的文化部部长，为签署一大批合作协议提供了机会。许多国家（包括印度、巴西、韩国、日本、墨西哥和土耳其）的政策有助于丰富南－南文化关系。

人的生活。

下一步是将市场经济的各种变化，尤其是国家的使命和功能与私有经济领域的使命和功能结合起来。近几十年来，如果说私有经济领域在西方占据日益上升且处于主导的位置，在世界其他地方，尤其是在新兴国家，公权仍保持着一种调节和重大干预的能力。鉴于亚洲和非洲人口的强劲增长（两个大陆的人口将分别增长 10 亿）和城市化进程等因素导致的巨大需求，保持乃至提升这种调节和干预能力似乎不言而喻。政治和社会领域间的关系几乎处于所有新兴大国的需要和政治中心，它们大概不愿意让文化完全依赖于市场规律。

同样，对全球数字空间的监管很可能引起大规模转变。迄今为止，这种监管主要是美国。当数字人类是大量亚洲人、非洲人和拉美人时，情况又会如何？加拿大亚太基金会发表了一份有关互联网监管的研究报告，这份不多见的报告指出，大多数网民将是亚洲人。不相信亚洲价值存在的人有必要读一读这份分析报告，它指出了在不远的将来，亚洲价值将以何种方式影响互联网监管。接下来，还需要制定规范数字空间整个活动的准则，包括该领域的国内和国际税法准则。最后，在中国（明天或将成为世界第一数字大国）和美国（在数字化第一阶段或许已是第一大国）之间的竞争，很可能引起一场不可避免的势力较量，我们称之为"新世界之战"。这场战争主要涉及在线商务和文化服务及产品在全球范围的自由流通，也涉及对目标客源语言多样性的完全认可。

亚洲处于正在发生的蝶变中心，主要文化推动力来自该地区，尤其是中国（包括香港、台湾和澳门）及其侨民群，当然还有印度及其侨民。在亚洲，韩国、日本、新加坡、印尼、马来西亚和越南将对亚洲和世界的文化生活做出重要贡献。今天，有待与人类分享的一个巨大的历史和现代宝藏，在全球新空间占有一席之地的政治愿望，以及"世界最具经济活力地区"（按照经合组织的说法）带来并且增长的政府和私人资金源正聚集在一起。而且全球最大、最年轻的消费市场也在这里。到 2050 年，该市场的消费者人数可能超过 30 亿。总之，亚洲从财富转移第一受益者的身份中获得巨额红利，那里有最大的网民群体，21 世纪中期那里的网民人数将达到 30 亿。如果说，届时世界将有一个政治、经济和文化中心，这个中心无疑将在亚洲。亚洲的影响力已延伸到世界广大地区，尤其是非洲和拉美。这种影响力可能会日益凸显，因为文化供给将产生重要影响，形成不可匹敌的文化优势。

　　20 年后，亚洲文化浪潮将席卷全球，包括西方。在等待资金等动力的同时，非洲大陆目前出现的文化繁荣也可能会让它在世界市场上分得一杯羹。到 21 世纪中期，非洲或许会成为全球第二大文化市场。亚洲、非洲，加上巴西、墨西哥以及其他几个国家，将共同主宰文化服务和文化产品的生产和流通。正如弗雷德里克·马特尔所言，在信息、音像、电影、音乐和图书领域，是否会爆发一场内容之战？由于下面两个原因，我们可以对此半信半疑。首先，如果中国矢志不移地捍卫自己的利益（现代新加坡的缔造之父李光耀认为，中国需要一个漫长的和平时期来巩固并逐步显示它在全球的优势），它很可能会避免昂贵的冲突，如同它在过去

25 年所做的那样做法；第二个原因涉及资金、技术和贸易能力的转移。这类转移将是不可逆转的，包括文化服务和文化产品的生产及销售两大体系的转移，它们带来的丰硕成果和巨大威力将逐步得到认可。届时，人们会看到西方再也不能垄断一切，只能与新兴国家平分秋色。

有些人会对亚洲国家尤其是中国作者，能够创作出在全球引起关注的作品产生怀疑。或许他们该读一读《在西方》这本书。这个问题既尴尬又荒谬。人们会逐渐看到他们的作品，中国画和印度、日本、尼日利亚和阿根廷电影，以及巴西和墨西哥的电视连续剧、日本的动漫、印度的舞蹈，非洲、加勒比地区和朝鲜的音乐，南亚和拉美的文学等已经崭露头角。各个领域都将在世界和人类的文化展示中占有一席之地。如果前面提到的合作协议达到预期成果，我们将逐步见证亚洲和西方团队的共同业绩。亚洲人、非洲人或土著人的想象也可以借鉴人类的理性和思想，就像西方在过去所做的那样，将偏远地区（表面上远离西方世界）作者的东西拿来我用。西方不了解亚洲或者其他地方的作品并不意味着这些作品不存在，因为它们仍会进入大量消费者的视野。

在世界事务中，西方不再处于主导地位，而在上个千年，世界事务似乎是他们的家务。在全球地缘政治格局中，西方必须接受一种新的定位。一些人以他们确立并向世界推销的价值为名，为这种衰退进行辩解，想捍卫自己所得。在不放弃这些价值（按照我们已列举的亚洲著名见证者的说法，其中有一些已深入人心）的情况下，他们是否能用其他文明时期的经验、需求和希望来丰富自己的思想?

难道不应通过寻找文明之间的协同作用，深挖可以彼此分享的东西，而非美化分歧，以阻止文明之间的对抗? 这种事情说起来简单做起来难，但比起一味吹嘘理想化的过去、完美的成果和封闭的身份更有收获。这便是西方必须做出的抉择。最危险的是，新世界建立起来了，但西方缺席，因为它对自己在世界事务中的实际分量做出误判，并在比较世界其他地区的主流价值体系后，对自己的伦理优势过于自信。在一些人看来，现在正是制定标准并予以实施的大好时机! 实际上，这一时期已经过去。

今天，我们觉得有必要为重新审视及制定标准进行表决，达成共识。此举将是漫长的、艰难的，却是不可避免的。一些人将举起文化相对论的红牌，这一咒语的背面是对西方文化优势的肯定，其他文化都应顺从它。世界的变化迫使我们在文化多元化中去思考它，协调它与人权的关系。实际上，所有文化都提出了同样的伦理问题，每种文化都给出了与其他文化相同的答案。更好地了解这些答案，可以缩小各种文化间的差距。

这些便是世界文化新版图的出现所带来的一些要求。这些要求提出了一个前所未闻的问题，即世界上各种文化共存的可能性。共存而非统治，更多是聚集拥有可被分享和强大动力，有利于和平与安全、国际生活的民主化、重视不同的精神和文化遗产、认同成功的实践（至于来自何方无关紧要）、接受共同标准的文化。

欢迎进入 21 世纪，一个多元的世纪。

参考文献

[1]ARAS B. The new geopolitics of Eurasia and Turkey's position[M]. Londres: Frank Cass, 2002.

[2]ORTIZ A L. Creative industries in mexico:matrix of the spanish digital wave[M]. Mexico: Negocios ProMéxico, 2012.

[3]DELACOUR B C. Les fonds souverains: ces nouveaux acteurs de l'économie mondiale[M]. Paris: Les Échos Éditions, 2009.

[4]BRETAGNOLLE A, LE GOIX R, VACCHIANI-MARCUZZO C. Métropoles et mondialisation[M]. Paris: La Documentation Française, 2011.

[5]BROWN A. Seven years that changed the world: perestroika in perspective[M]. Oxford: Oxford University Press, 2007.

[6]BRYNJOLFSSON E, MCAFEE A. Race against the machines: how the digital revolution is accelerating innovation, driving productivity, and irreversibly transforming employment and the economy[M]. Boston: MIT, 2011.

[7]CHAPONNIERE J R, LAUTIER M. La montée des échanges sud-sud dans le commerce mondial, L'économie mondiale 2013[J]. Paris: La Découverte, 2012.

[8]CHENG A. La pensée en chine aujourd'hui[M]. Paris: Gallimard, 2007.

[9]CHEVENEMENT J P. 1914-2014: l'Europe sortie de l'histoire? [M]. Paris: Fayard, 2013.

[10]CHOPRA A. King of Bollywood: Shah Rukh Khan and the seductive world of Indian cinema[M]. New York: Warner Books, 2007.

[11]Comscore. Brazil digital future in focus 2013[R]. Chicago: Comscore, 2013.

[12]DAVIDOW W H. Overconnected: the promise and threat of the Internet[M]. New York: Delphinium Books, 2011.

[13]DAVUTOGLU A. Strategic depth: Turkey's international position[M]. Istanbul: Küre Yayinlari, 2001.

[14]Deloitte. Media & entertainment in India: digital road ahead[M]. New Delhi: Deloitte et Assocham India, 2011.

[15]DOLLFUS O. La mondialisation[M]. Paris: Presses de la fondation nationale des sciences politiques, 1997.

[16]ERNST & YOUNG. Rapid-growth markets forecast[R]. Ernst & Young, Octobre 2011.

[17]FABRE G. L' Amérique latine: au défi de l ' alternance[M]. Paris: Ellipses, 2013.

[18]GANGULY S, DIAMOND L,PLATTNER M F. The State of India' s Democracy[M]. Baltimore: Johns Hopkins University Press, 2007.

[19]GERVAISE Y. Géopolitique du Brésil: les chemins de la puissance[M]. Paris: PUF, 2012.

[20]GRABAR O. Penser l' art islamique[M]. Paris: Albin Michel, 1996.

[21]HAWKSWORTH J. The world in 2050: how big will the major emerging market economies get and how can the OECD compete? [R]. PWC, 2006.

[22]HUNTINGTON S. Le choc des civilisations[M]. Paris: Éditions Odile Jacob, 1996.

[23]JENKINS H. Convergence culture:where old and new media collide[M]. New York: New York University Press, 2006.

[24]KABOU A. Comment l' Afrique en est arrivée là[M]. Paris: L' Harmattan, 2011.

[25]KASSILE Y. Penseurs japonais: dialogues du commencement[M]. Paris: Éditions de l' Éclat, 2006.

[26]KENNY C. The upside of down:why the rise of the rest is good for the west[M]. New York: Basic Books, 2014.

[27]KISSINGER H. Does america need a foreign policy? Toward a diplomacy for the 21st Century[M]. New York: Simon & Schuster, 2008.

[28]KROEBER A, KLUCKHOHN C. Culture: A critical review of concepts and defnitions[M]. Cambridge: Harvard University Press, 1952.

[29]LANIER J. You are not a gadget: a manisfesto[M]. New York: Alfred A. Knopf, 2010.

[30]LESCURE P. Contributions aux politiques culturelles à l'ère du numérique[M], t. 1, Paris: La Documentation Française, 2013.

[31]LI W W. How creativity is changing China[M]. Londres: Bloomsbury Academic, 2011.

[32]MAALOUF A. Les identités meurtrières[M]. Paris: Grasset, 1998.

[33]MAHBUBANI K. The new Asian hemisphere[M]. New York: PublicAffairs, 2008.

[34]MANYIKA J. Disruptive technologies: advances that will

transform life, business and the global economy[R].Chicago: McKinsey & Company, 2013.

[35]MARSH P. The new industrial revolution: consumers, globalization and the end of mass production[M]. Londres: Yale University Press, 2012.

[36]MARTEL F. Mainstream: enquête sur cette culture qui pla ît à tout le monde[M]. Paris: Flammarion, 2010.

[37]MARZOUKI M. Arabes, si vous parliez...[M]. Paris: Lieu Commun, 1987.

[38]MAZAHÉRI A. L' age d' or de l' Islam[M]. Paris: Hachette, 1951.

[39]MESPLIER A, BLOC-DURAFFOUR P. Le tourisme dans le monde[M]. Paris: Boréal, 2011.

[40]MOROZOV E. The net delusion: the dark side of Internet freedom[M]. New York: PublicAffairs, 2011.

[41]OCDE. Perspectives du développement mondial 2010: le basculement de la richesse[R]. OCDE, 2010.

[42]OLSEN E, PLASCHKE F, STELTER D. Threading the needle: value creation in a low-growth economy[M]. Boston:The Boston

Consulting Group, 2010.

[43]Organisation des Nations Unies. Objectifs du millénaire pour le développement:rapport de 2013[R]. New York:Nations Unies, 2013.

[44]Organisation des Nations Unies. Vieillir au XXIE siècle: une victoire et un déf[R]. New York, Fonds des Nations Unies pour la population(UNFPA)et HelpAge International, 2012.

[45]Organisation Internationale de la Francophonie.Profi culturel des pays du sud, membres de la Francophonie: un aperçu de trois pays de l'UEMOA, le Burkina Faso, la Côte d'Ivoire, le Sénégal[R]. Paris: OIF, 2010.

[46]Organisation Mondiale de la Propriété Intellectuelle. Rapport de l'OMPI sur les brevets:statistiques sur l'activité-brevets dans le monde[R]. Geneve:Organisation Mondiale de la Propriété Intellectuelle, 2007.

[47]PANAGARIYA A. India:the emerging giant[M]. Oxford: Oxford University Press, 2008.

[48]PASOLINI P P. L'odeur de l'Inde[M]. Paris: Denoël, 1984.

[49]PAZ O. Itinéraire[M]. Paris: Gallimard, 1993.

[50]Pricewaterhouse Coopers. Global entertainment and media outlook 2012-2016[R]. PWC, 2012.

[51]RAO M. Mobile southeast Asia report 2012: crossroads of innovation[R]. Momo, Juin 2012.

[52]ROGERS M, RUPPERSBERGER D. Investigative report on the US National Security Issues posed by Chinese Telecommunications Companies Huawai and ZTE[R].Washington: US House of Representatives, octobre 2012.

[53]ROSEN D H, HANEMANN T. An American open door? Maximizing the benefts of Chinese foreign direct investment[M]. New York: Center on US-China Relations, Asia Society, 2011.

[54]ROSEN D H, HANEMANN T. China invests in Europe: patterns, impacts and policy issues [R]. New York: Rhodium Group, 2012.

[55]SAPIR J. Le nouveau XXIE siècle: du siècle? Américain? Au retour des nations[M]. Paris: Seuil, 2008.

[56]SCHMIDT E, COHEN J. The new digital age: reshaping the future of people, nations and business[M]. New York: Alfred A. Knopf, 2013.

[57]SINGH J P. International cultural policies and power[M]. New York: Palgrave Macmillan, 2010.

[58]SINGH K N. The argument for India, discourse inaugural. Brown University.（2005-9-23）.

[59]STIGLITZ J E .The price of inequality: how today's divided society endangers our future[R]. New York: W. W. Norton & Company, 2013.

[60]Telecom Regulatory Authority of India. The Indian telecom services performance indicators:October-December 2011[R]. New Delhi: TRAI, 13 Avril 2012.

[61]The World Bank. China 2030: building a modern, harmonious and creative society[R]. Washington: The World Bank, 2013.

[62]THÉORET Y. David contre Goliath: la convention sur la protection et la promotion de la diversité des expressions culturelles de l' UNESCO[R]. Montréal: HMH, 2008.

[63]TORRES P, TREUSSARD L, ÉDOUARD-BARAUD R, D'ANGLEJAN N. Impact des technologies numériques sur le monde de la culture[M]. Pavis: L' Atelier Études et Conseil pour le

Forum d' Avignon, BNP Paribas, Novembre 2010.

[64]UNESCO. Investir dans la diversité culturelle et le dialogue interculturel[M]. Paris: Éditions de l' UNESCO, 2010.

[65]United Nations Conference on Trade and Development.Creative economy: a feasible development option[R]. Geneve: UNCTAD, 2010.

[66]VÉDRINE H.Rapport pour le président de la République sur la France et la mondialisation[R]. Paris: Fayard, 2007.

[67]World Trade Organization.International trade statistics 2011[R]. Geneve: WTO, 2011.

[68]ZHA J Y. China pop:how soap operas, tabloids,and bestsellers are transforming a culture[M]. New York: The New Press, 1995.

[69]ZHANG W W. The China wave: rise of a civilizational state, hackensack[M]. New Yovk: World Century Publishing Corporation, 2012.